Buenos vecinos

DATE DUE

D0814261

DATE DUE

Buenos vecinos

COMUNICÁNDOSE CON LOS MEXICANOS

segunda edición

John C. Condon

traducción del inglés:
Carmen DeNeve
con Paula Heusinkveld

INTERCULTURAL PRESS, INC.

Para mayor información:
Intercultural Press, Inc.
P.O. Box 700
Yarmouth, ME 04096
207-846-5168

Producción: Patty J. Topel

Biblioteca del Congreso
Tarjeta de Catálogo Número 98-7775

Impreso en los Estados Unidos de América

Library of Congress Cataloging-in-Publication Data
Condon, John D.
  [Good neighbors. Spanish]
  Buenos vecinos: comunicandose con los mexicanos/John C. Condon; traducción del inglés, Carmen DeNeve.—2. ed.
      p.   cm.
  Includes bibliographical references.
  ISBN 1-877864-63-3
  1. Mexico—Social life and customs.   2. National characteristics, communication.   I. DeNeve, Carmen.   II. Title.
F1210.C65818   1998
306'.0972—dc21   98-7775
                                                         CIP

Contenido

Prólogo a la Primera Edición

Si usted está planeando hacer algo con los mexicanos, ya sea en plan de turista, empresario, estudiante, maestro o en cualquier otro papel—ya sea en los Estados Unidos o en México—usted ha escogido el libro apropiado para guiarlo.

Como mexicano y profesional en el campo de la comunicación humana, he encontrado que este libro expresa muy claramente lo que por mucho tiempo he tratado de explicar a mis amigos y a mis alumnos de los Estados Unidos. Este libro presenta un compendio y da claros ejemplos de las diferencias culturales, ofreciendo avenidas para promover un diálogo exitoso.

La comunicación es una actividad en la que nos vemos involucrados desde que nacemos y consecuentemente la damos por un hecho. Si sabemos el idioma de un país, existe la tendencia de creer que no tendremos problemas para comunicarnos y que en realidad vamos a poder conocer a la gente de tal o cual país. Desafortunadamente, la comunicación se basa en mucho más que simplemente el idioma.

Este libro se trata de la comunicación. El lector

encontrará consideraciones con respecto al idioma, las normas, los valores, las percepciones, la comunicación no verbal y otras cuestiones que le prepararán para adaptarse y aprender más sobre la cultura mexicana.

Las personas de México y de los Estados Unidos se han estado comunicando por mucho tiempo. Sin embargo, esta comunicación se ha caracterizado por fracasos en muchos casos. Este libro ha hecho falta desde hace mucho tiempo. Finalmente se publica en un momento histórico en el que las relaciones entre México y los Estados Unidos se deben mejorar para efectos del comercio, la amistad y posiblemente para la supervivencia.

El viajero típico estadounidense que visita México puede leer una guía turística, un manual, un libro de historia, y quizás un tratado antropológico o sociológico. Sin embargo no es sino hasta ahora que el viajero norteamericano ha encontrado un libro práctico sobre la comunicación. Y la comunicación es lo que más ejercitamos cuando nos relacionamos con otras personas. La manera en que vemos a la gente, la forma de vestirnos, el estilo de saludarnos, la manera en que manejamos nuestros negocios, todo esto tiene diferente significado para las personas que pertenecen a diferentes culturas.

Es interesante notar que este libro no es sólo una colección de instrucciones, sino más bien una obra global e intelectual; por ser práctico, satisface al lector en busca de consejos para comunicarse con más éxito, y al mismo tiempo, provee al lector que tiene motivos más eruditos con un marco conceptual para entender y explicar la comunicación entre México y los Estados Unidos.

Este libro puede ser útil no sólo para los estadounidenses sino también para los mexicanos que se interesan en establecer un diálogo cultural con ellos. Ofrece una descripción de las percepciones norteamericanas sobre

México y unas revelaciones acerca del carácter estadounidense. Después de todo, la comunicación cultural requiere un mínimo de dos individuos, y ambos necesitan estar conscientes de los factores que afectan su intercomunicación.

A la larga, con contribuciones como este libro, la cercanía física puede ir acompañada de la cercanía psicológica al mismo tiempo.

—Felipe Korzenny
Universidad Estatal de San Francisco

Prefacio a la Segunda Edición

Es con sincero sentimiento y mucho orgullo que la Prensa Intercultural presenta esta edición corregida y actualizada de *Buenos Vecinos*. Este libro y la obra complementaria, *Con respecto a los japoneses*, fueron los primeros dos volúmenes de la Serie InterAct, y los dos fueron escritos por mi buen amigo y colega Jack Condon. Estos libros no sólo iniciaron la serie, sino que establecieron el prototipo por el cual se han medido todos los volúmenes que los siguieron.

La experiencia de Condon y su profunda comprensión de las culturas que describe, la brevedad y la gracia de su estilo, y su habilidad de iluminar las cuestiones prácticas en la interacción cultural mientras que incluye perspectivas académicas y filosóficas ofrecen un modelo ejemplar no sólo para la Serie InterAct sino también para cualquier escrito sobre los temas interculturales.

Como profesor en la Universidad de Nuevo México, donde enseña la comunicación intercultural, Condon ha podido mantener estrecho contacto con la cultura mexicana dentro de México y también con la cultura que

se ha desarrollado en el área fronteriza del suroeste de los
Estados Unidos. Al mismo tiempo, sigue siendo un
observador perspicaz de la cultura de los Estados Unidos,
tal como ha evolucionado en los últimos años del siglo
veinte. Por supuesto, es en el nexo entre la cultura
mexicana y la de su vecino del norte donde se llevarán a
cabo las mayores dimensiones de las relaciones entre
México y los Estados Unidos. En el comercio internacional, México es ahora el socio número dos de los Estados
Unidos, y bien puede ser que pronto sea número uno. Hay
cientos de miles de ciudadanos estadounidenses que viven
y trabajan en México, y millones de mexicanos y personas
de descendencia mexicana que viven en los Estados Unidos.
Lo que esto significa es que los dos países, tal como insiste
Condon, no sólo han tenido una tremenda influencia el
uno sobre el otro, sino que continuarán influyéndose en
forma vital en el futuro.

Esta revisión de *Buenos vecinos*, por lo tanto, llega a
buen momento, y continuará proporcionando consejos
prácticos y mucha materia en que pensar para cualquier
persona que necesite comprender la dinámica de las dos
culturas en contacto.

Bienvenidos a una lectura provechosa y amena.

—David S. Hoopes

Prefacio a la Primera Edición

Los estadounidenses necesitan una guía básica y práctica sobre cómo entender y comunicarse exitosamente con los mexicanos. Ellos deben comprender el proceso de las interacciones interculturales, si es que van a manejar cada día la variedad de situaciones nuevas para las cuales los detalles específicos de "lo que hay que hacer" y de "lo que *no* hay que hacer" pueden llevar a conclusiones erróneas o simplemente no están disponibles.

Un estudio de la *interacción cultural* como lo es este mismo investiga, explica y predice lo que sucede cuando individuos que se han criado en culturas contrastantes se encuentran, comen, bromean, discuten, negocian y cooperan el uno con el otro. Tal estudio clarifica lo que cada persona debe hacer para poder convertirse en un competidor hábil o en un colega y amigo de confianza.

Este volumen, por lo tanto, y los demás volúmenes en la Serie InterAct, explican cómo los individuos de una cultura ven a los de otra cultura, exactamente lo que esperan el uno del otro y cómo se afectan cuando están juntos, así como lo que hace o dice uno de ellos avergüenza, frustra, motiva, impresiona o molesta al otro.

xiii

Hemos escogido analizar las relaciones entre México y los Estados Unidos en este volumen debido a la importancia especial de México para los Estados Unidos y porque los estadounidenses a menudo malinterpretan seriamente a los mexicanos. Hemos tenido la suerte y fortuna de que Jack Condon estuviera dispuesto a preparar este estudio.

Jack no es solamente uno de los especialistas interculturales con más perspicacia en el área, él además está altamente consciente de las dificultades y las oportunidades que experimentan los estadounidenses y los mexicanos en sus relaciones sociales y de negocios. Algo de su trabajo más efectivo ha sido con empresas internacionales que preparan a su personal estadounidense y a sus familias para posiciones en otros países, y con el personal extranjero que asume responsabilidades en los Estados Unidos. Afortunadamente, Jack es también un escritor extraordinario, que ha completado una docena de libros sobre la comunicación, incluyendo, uno, *An Introduction to Intercultural Communication*, que se ha convertido en el libro de texto estándar en el área de comunicación.

La experiencia de Jack en México empezó en 1956 cuando entró a la Universidad de las Américas. El regresó a México unos cuantos años después para realizar su investigación de doctorado, y más tarde otra vez en 1974 para enseñar y hacer más estudios. En 1987-88 enseñó en la Universidad de Guadalajara, y ha regresado frecuentemente desde entonces.

Felipe Korzenny consintió con entusiasmo cuando le invitamos a escribir el prólogo de este libro. Felipe es ciudadano de México y profesor en la Universidad Estatal de San Francisco, donde enseña cursos de pregrado y postgrado en comunicación intercultural. Trabaja frecuentemente como consejero para el gobierno de México y como asesor para la Agencia Estadounidense del

Desarrollo Internacional en México y en varios otros países de América Latina. En estos países y entre hispanoamericanos en los Estados Unidos, Felipe ha dirigido estudios de comunicación en varias áreas. Estas incluyen una área en que él tiene un interés especial y muchos conocimientos: el efecto de los medios de comunicación en el cambio social.

Estamos seguros de que los lectores de este libro, si consideran cuidadosamente las explicaciones y siguen las sugerencias del mismo, disfrutarán más extensamente de su asociación con los mexicanos y podrán trabajar más efectivamente con ellos.

—George W. Renwick
Editor, InterAct Series

Introducción

"Pobre México," se lamentaba el último presidente prerevolucionario de la nación, Porfirio Díaz, "tan lejos de Dios y tan cerca de los Estados Unidos." Aunque la cercanía actual de México con Dios pudiera discutirse largamente, nadie puede negar que en casi todos los sentidos, México nunca ha estado más cerca de su vecino al norte. Las mil quinientas millas de frontera que recorren el continente se ven cruzadas en ambas direcciones por más individuos que ninguna otra frontera internacional del mundo entero. El tráfico que se dirige al sur cada año incluye a millones de turistas. El turismo es una importante fuente de ingresos para México, y el ochenta por ciento de los turistas son de los Estados Unidos. Y hacia el norte vienen los mexicanos: más de un millón y medio entran a los Estados Unidos cada año con visas mientras que se estima que más de otros 96,000 cruzan a escondidas, sin documentos ni protección legal.

La ciudad capital de México es ahora la ciudad más poblada del mundo con todas las ventajas y todos los problemas que conlleva tal distinción. Para fines de esta década, se calcula que la Ciudad de México será el hogar

de 32 millones de personas, una estadística especialmente
perturbante para este escritor que conocía la ciudad en los
años de 1950 cuando la población de toda la República
Mexicana era solamente de 32 millones. Desde que se
firmó el Tratado de Libre Comercio (TLC, o NAFTA) en
1992, México es un socio en una zona de libre comercio
que puede comprender el mercado más grande del mundo.
A este creciente mercado, México aporta casi noventa
millones de personas. El TLC y las decisiones de producción
y de mercadeo involucran, a su vez, a un número incalculable de otros norteamericanos en comunicación diaria
con los mexicanos. El impacto económico, político y social
de estas nuevas relaciones se hace sentir en ambos lados de
la frontera, con muchos detractores y defensores del TLC
en México tanto como en los Estados Unidos. El hecho es
que aun sin un acuerdo formal de gobiernos, los lazos
sociales y económicos entre México y los Estados Unidos
nunca han sido tan extensos. En el comercio exterior,
México ya es el socio número tres de los Estados Unidos.

Las "exportaciones culturales"—incluyendo la música,
los espectáculos de televisión, las comidas—están más en
evidencia hoy día que nunca. En los Estados Unidos hay
cada día más acceso a la televisión en el idioma español;
también la televisión por cable transmite programas estadounidenses a los que cuentan con el dinero y el deseo de
verlos en México. Las cadenas de comida rápida que ofrecen
tacos o burritos ahora salpican el paisaje de los Estados
Unidos así como los distribuidores de hamburguesas, de
panqueques (en México: "hotcakes") y del pollo frito han
surgido en México.

La comida mexicana ya parece tan "americana" como la
pizza. Las tortillas fritas de maíz para los antojitos se venden
más que las papas fritas (potato chips) en los Estados Unidos,
y se vende más salsa mexicana que catsup como
condimento.

Como ocurre con tanta frecuencia cuando las comidas— y las palabras—traspasan las fronteras internacionales, lo que se cree que se originó en un lado de la frontera fue de hecho creado al otro lado. Los "nachos," por ejemplo, son una invención estadounidense, tal como lo son las fajitas y las chimichangas. Y para completar el proceso, todos estos alimentos ya se sirven en México, con muchos mexicanos y norteamericanos convencidos de que se originaron en dicho país. En todas partes de México, se ven imágenes de la cultura popular de los Estados Unidos, aun en los tradicionales géneros mexicanos tales como son las piñatas y las miniaturas de cerámica.

Especialmente en las grandes ciudades de México, las celebraciones en los días festivos tradicionales muestran la influencia del norte. Santa Claus ha sobrepasado a los tradicionales Tres Reyes que traían regalos para los niños el seis de enero (el Día de los Reyes), y motivos del "Halloween" de los Estados Unidos afectan grandemente los elementos tradicionales del Día de los Muertos.

Las tiendas donde se alquilan videos ofrecen más películas de los Estados Unidos que de México, aunque Enrique Sánchez de la Universidad de Guadalajara afirma, no sin ironía, que el número más grande de películas mexicanas alquiladas se encuentra en las franquicias de Blockbuster Video en México.

Pero a pesar de toda la presencia creciente de cosas mexicanas en los Estados Unidos, todavía existe un desequilibrio. Los estudios muestran que el periódico típico de la Ciudad de México contiene un porcentaje más alto de noticias sobre los Estados Unidos que lo que contiene la edición promedia del *New York Times* con respecto a noticias del resto del mundo entero.

Aun más importante es la evidencia de que a pesar del entrelazamiento de la población, la cultura y el destino, todavía hay un gran abismo en el entendimiento entre los dos países. Para muchas personas en los Estados Unidos, la imagen del mexicano ha sido la del bracero, del campesino migrante, o del personaje caricaturesco, la Chiquita Banana (anuncios del plátano en los 60s) o el Frito Bandido (anuncios comerciales de los 70s). Las viejas imágenes negativas todavía se perciben como en los refranes publicitarios tales como el de "Taco Bell" que dice "Córrele a la frontera." (Esa misma cadena de comida rápida, como muchas otras franquicias norteamericanas, ahora ha entrado al mercado mexicano.) Los productos de los Estados Unidos, incluyendo los de los medios masivos, aceleraron sus números y su atractivo entre los mexicanos, especialmente entre los jóvenes mexicanos. El Tratado de Libre Comercio sin duda solamente aumentará esto aun más. Y ahí radica la desconfianza de muchos mexicanos por el poder económico y político de los yanquis, aun cuando la presencia de los Estados Unidos en México sea paralela al impacto mexicano en los Estados Unidos.

Aunque el número está subiendo, relativamente pocos estadounidenses han tenido mucho contacto directo con el ejecutivo mexicano, el doctor, el profesor o el ingeniero. Para muchos mexicanos, el estereotipo del estadounidense es alguien que se pasea por el Río Grande con unos ojos de avaro y grandes bolsas llenas de dólares en cada mano. Algunos observadores creen que las clases de contactos superficiales que tienen muchos mexicanos y estadounidenses en realidad han aumentado más que disminuido la probabilidad de serios desequilibrios con base cultural en sus relaciones.

Durante su visita tremendamente exitosa a México en 1962, el Presidente John F. Kennedy proclamó que "La geografía nos ha hecho vecinos, la tradición nos ha hecho amigos." Fue un pensamiento optimista y grata, pero la investigación de este autor en aquella época mostró que la mayoría de los mexicanos pensaban que lo más preciso era decir "La geografía nos ha acercado, las tradiciones nos han separado."

Ahora, más de tres décadas después, no parecemos estar nada más cerca que antes. La amistad es una flor frágil, que se nutre más por necesidad que por conocimiento. Se ha hecho muy poco para animar a los estadounidenses y a los mexicanos para enfrentarse con el hecho de que en un sinnúmero de maneras críticas, sus perspectivas del mundo difieren radicalmente y que son estas diferencias las que imponen importantes barreras para la comunicación efectiva y para las relaciones de trabajo mutuamente satisfactorias. Cada cual asume que lo que uno sabe acerca del otro es suficiente. Pero no lo es. Se necesita saber más. Este libro está diseñado para los que reconocen la necesidad y están dispuestos a hacer el esfuerzo necesario. Tal esfuerzo será triplemente premiado: 1) al estar mejor preparado para apreciar las realidades encontradas en México y manejarlas con mayor éxito; 2) al evitar algunos de los tontos errores que surgen de la desinformación cultural; y 3) al ser capaces de transmitir una actitud de respeto, interés e importancia que a veces puede hacer la diferencia entre el éxito y el fracaso en la comunicación a través de las culturas.

—John Condon
Albuquerque, 1997 .

El papel de la historia

Es irónico que muchas personas en los Estados Unidos pensemos que México es la "tierra del *mañana*" cuando, como le puede decir cualquier escritor de publicidad, es al norte de la frontera donde la palabra mágica es "mañana." Nuestras brújulas mentales apuntan hacia un punto futuro precisamente arriba del horizonte, desde donde se colocan todas nuestras otras direcciones.

Tanto como el futuro nos lleva hacia adelante, el pasado impulsa al pensamiento mexicano y a su acción. No es decir que el futuro en México se ignora: lejos de eso. Todo en México, los problemas que hay que encarar y el potencial que se puede lograr, pide una planificación basada en proyecciones: la rápida expansión de la población, los efectos debilitantes de la contaminación del aire, el crecimiento del papel económico y político en el hemisferio y mucho más—todas estas cosas son parte de un mañana que se comenta en todos los periódicos y en todas las revistas del país. Pero al menos así de frecuentes son los ensayos y las editoriales que miran hacia el pasado, a la historia, por dirección y orientación.

Un ejecutivo de los Estados Unidos con casi veinticinco años de experiencia fuera y dentro de México, lo expresó de esta manera:

"Como muchos estadounidenses de mis tiempos, vine a México impresionado con su arte moderno, su arquitectura futurista y su promesa. Siempre vi a México como la tierra del futuro y realmente la historia no me interesaba. Francamente yo pensaba que los libros de historia eran para los turistas que tenían miedo de salir a mirar el México verdadero. Después llegué a darme cuenta de que yo era el turista romántico. Para realmente comprender a México y a los Estados Unidos me percaté de que tenía que mirar con más cuidado hacia el pasado. Cuando les aconsejo a los estadounidenses que vienen a México para hacer negocios, les digo que estudien la historia. Que empiecen con ella y que continúen con ella. Además del idioma mismo, no creo que haya nada que le prepare mejor y lo haga más "respetable" a los ojos de sus colaboradores mexicanos. Si alguien me hubiera dicho esto hace veinticinco años, yo habría sonreído y continuado leyendo el *Wall Street Journal*. Lo cual es, de hecho, precisamente lo que la mayoría de los mexicanos suponen que hagamos."

Es cierto que una comparación de las historias nos ayuda muchísimo a explicar las diferencias en puntos de vista y comportamientos de personas en ambos lados de la frontera. Usualmente consideramos nuestra historia desde una fecha específica—1607 con la fundación de Jamestown o 1620 y los colonizadores en Plymouth. Pensamos acerca de los Estados Unidos como una clase de empresa con "padres fundadores" y con ciertos principios, los cuales la organización fue diseñada para seguir.

También vemos nuestra historia dirigiéndose en una línea recta desde una fecha específica en la historia. Las fechas que desde niño aprendimos en la escuela son casi siempre fechas de batallas ganadas, territorios anexados a la república, o algún otro logro positivo. Esto es como si se tratara de una película en cámara rápida; visualizamos nuestro país expandiéndose hacia el oeste: El tiempo y el espacio se conjugan en una progresión continua. Se ganó el oeste, decimos; damos muy poca importancia a lo que se perdió. Nos suena simplemente correcto, muy estadounidense en sí, hablar de "la formación de América." La "toma" de América no es parte de nuestra tradición.

Cuando llegaron los ingleses, las personas que ya vivían en el continente eran cazadores, pastores, pescadores. Ellos no habían construido grandes ciudades o monumentos que rivalizaran de manera alguna las ciudades de Europa, y sus culturas eran de poco interés para los colonizadores que pensaban desplazarlos y cultivar sus tierras. El indígena norteamericano ha permanecido excluido de la formación de la cultura dominante de la nueva nación así como había sido excluido de la misma tierra. Conforme la nación tomó forma, la visión era hacia el futuro, para una tierra nueva y hospitalaria, para nuevas oportunidades. Un espíritu de optimismo animó este movimiento.

La tierra que se convirtió en lo que es ahora los Estados Unidos era, en su mayor parte, rica y por mucho tiempo en la breve historia de la nación, parecía interminable, sin fin. Por lo tanto, como decía el mito nacional, cualquier persona podía lograr su camino en este mundo. Había oportunidades para todos: ¿no fue ésta la razón por la cual muchos dejaron sus tierras para establecerse aquí? Era la tierra prometida, y lo único que pedía era que se trabajara fuertemente o que se movilizara hacia el oeste para extender las fronteras.

La historia mexicana fue diferente. La tierra había sido poblada durante siglos por civilizaciones y tribus guerreras que llegaban a cientos (aun ahora hay cerca de 150 lenguas diferentes que todavía se hablan en México); no había una "frontera." En la mayoría de los casos, ciertamente en las civilizaciones dominantes tales como las de los primeros mayas y la última floreciente de los aztecas, las distinciones de clase eran rígidas como si hubieran sido labradas en piedra, justificadas y mantenidas en un estado teocrático. La tierra misma no era del todo acogedora. Los volcanes arriba, los temblores abajo, sólo una pequeña porción de terreno plano. Aun ahora sólo una quinta parte de la tierra es cultivable. Así era una tierra que nutría el fatalismo. Queda hoy día para millones de campesinos una expectativa realista de que el futuro no será mejor excepto por la gracia del patrón, o en las ciudades de hoy por un golpe de suerte (como ganar la lotería).

Siglos antes de que Cortés llegara a México, civilizaciones no igualadas por nada conocido en la Europa de aquel entonces habían florecido, entrado en decadencia y desaparecido. Lo que pasó a algunas de ellas es todavía un misterio hoy en día, aunque el gobierno mexicano gasta más dinero de su presupuesto que cualquier otro país en investigaciones antropológicas para descubrir su pasado. ¿Por qué, por ejemplo, llegó el sofisticado imperio maya a un repentino fin? ¿Fue acaso por enfermedad, guerra, o revolución? Esto sucedió siglos antes de que América fuera "descubierta."

La sociedad que Cortés encontró en 1519 era un poder relativamente nuevo que en poco tiempo había subyugado a tribus rivales e impuesto un cruel estado teocrático. La sociedad azteca fue una sociedad de castas, con el poder político compartido por los jefes religiosos y militares. En algunos aspectos se asemejaba al genio de España en la primera mitad del siglo dieciséis.

En menos de dos años, Cortés y sus soldados habían completado la Conquista, eventualmente extendiendo el dominio de España hacia el sur dentro de América Central y tan distante hacia el norte como Alaska. Lo que nosotros en los Estados Unidos generalmente llamamos el "sudoeste" está nombrado correctamente en términos de la geografía de los Estados Unidos. Pero en términos de sus conexiones históricas y culturales por más de quinientos años, el "sudoeste" podría mejor llamarse el "noroeste."

España gobernó en México por los siguientes tres siglos. Cómo fue que una pequeña banda de soldados europeos pudieron convertirse en los conquistadores de tan vasto y poderoso imperio en tan poco tiempo no puede ser explicado en estas páginas, pero hay los que encuentran en su respuesta significados contemporáneos. Algunos dicen que se debió en gran parte a la clase de fatalismo que se puede distinguir en México hasta hoy día, en canciones, en chistes, en celebraciones tales como el Día de los Muertos. Algunos dicen que tuvo que ver con una concepción del tiempo como algo cíclico, lo cual, aunque no únicamente mexicano, es muy diferente de la línea progresiva de tiempo que se concibe en los Estados Unidos. Todos están de acuerdo que para los aztecas de entonces, como para los mexicanos de hoy, lo natural y lo supernatural no estaban separados. En México, todos los eventos son "actos de Dios," no solamente los que en los Estados Unidos son de tan poca probabilidad que las compañías de seguros los excluyen de su protección.

Los españoles que vinieron a México eran de todas partes de España y de todas las clases sociales, antecedentes, regiones y religiones. Los judíos sefarditas del sur de España, huyendo de las conversiones forzadas al catolicismo así como la inquisición inminente, fueron una parte sustancial de la temprana presencia española en México. Se ha estimado que para el año 1545 la cuarta parte de los españoles en la Ciudad de México eran judíos, y que para los años 1600 quizás la mitad de la población europea de la Ciudad de México era judía.

Había también una presencia africana, con cálculos hasta

de trescientos moros negros que acompañaban a Cortés en la Conquista. Habían pasado apenas veinticinco años desde que los españoles habían sacado de España a los últimos de los líderes moros cuya influencia árabe fue estampada en tantas cosas que hemos llegado a considerar como españolas: los azulejos de cerámica, los arcos, el trabajo de hierro forjado, y hasta las actitudes respecto a las relaciones apropiadas entre hombres y mujeres. Muchas personas en los Estados Unidos se sorprenden al descubrir tantas similitudes entre México y el mundo de habla árabe del Medio Oriente.

No es nada extraño, entonces, que exista en México hoy en día y que haya existido por muchos años una seria consideración de la pregunta "¿Quién es el mexicano?" La búsqueda de las respuestas ha ido en varias direcciones, especialmente de regreso al nacimiento traumático de hace casi quinientos años que produjo *la raza*, "la raza cósmica" y la glorificación de la cultura latina. Conforme continúa esa investigación no debemos perder de vista el papel que juega el norteamericano en los intentos del mexicano para comprenderse a sí mismo.

En los años venideros también podemos encontrar que a los mexicanos se les unirán muchos otros, incluyendo a sus vecinos del norte, buscando la respuesta a la pregunta "¿Quién es el mexicano?" Los estadounidenses apenas ahora están descubriendo la vasta y profunda cultura que es México.

Evaluándose los unos a los otros

Las imágenes que los norteamericanos y los mexicanos tienen el uno del otro y también de sí mismos tienen sus comienzos no tanto en las colonias españolas y británicas del "Nuevo Mundo" sino más bien en Inglaterra y Europa. España e Inglaterra eran rivales, por supuesto. Si ambas tenían metas comunes de controlar los mares y expander sus imperios, se diferenciaban en la lengua, la religión y otras características fundamentales de la cultura. La desconfianza mutua y el sentimiento anti-hispánico entre los ingleses, que empezó aun antes de la época de la conquista del Nuevo Mundo, se convirtieron lentamente en la leyenda negra.

La leyenda negra

El mito de la leyenda negra ilustraba para la mayoría de los estadounidenses la superioridad de su colonización comparada con la de los españoles. Los colonizadores ingleses (según lo que aprendemos desde niño en los Estados Unidos) no tenían miedo del pesado trabajo físico, mientras que los españoles, ya fuesen soldados o aristócratas, desdeñaban el trabajo manual.

Esta distinción entre los esforzados colonos ingleses de origen humilde que escaparon del reino inglés y los nobles soldados y aristócratas españoles que conquistaron e impusieron el catolicismo entre los indios mexicanos, se convirtió en una parte fundamental de la leyenda negra. Se puso énfasis en las diferencias religiosas entre el protestantismo y el catolicismo, y un desborde de odios y rumores sobre la crueldad de los españoles, la Inquisición y la codicia del oro, así como otros "hechos" y opiniones que se repitieron de generación en generación tanto en historias orales como en libros. El impacto de la leyenda negra se convirtió en algo tan fuerte en Europa como en lo que los europeos llamaban el Nuevo Mundo.

En Latinoamérica, aun para los que han criticado fuertemente la conquista española, se ha desarrollado un mito opuesto, el cual dice que la raza latinoamericana ("raza" interpretada en su definición cultural) es superior a la que existe en Norte América. "La Raza" es superior, aun más, debido a los mismos elementos que fueron tan brutalmente condenados en la "leyenda negra" o sea las contribuciones de los españoles a los indígenas del Nuevo Mundo, de lo cual nació el mestizo. No es la Inquisición lo que se ensalza y contrasta con la historia de los colonizadores anglosajones, sino la fe viva de los misioneros católicos y la vida humanística y espiritual que ellos promovieron. El escritor mexicano ganador del Premio Nobel, Octavio Paz, dice:

> La iglesia usó la llave del bautismo para abrir las puertas de la sociedad, convirtiéndola en un orden universal al alcance de todos.... Esta posibilidad de pertenecer a un orden viviente, aun cuando se estuviera en la parte más baja de la pirámide social, fue cruelmente negada a los indígenas por los protestantes de la Nueva Inglaterra. A menudo se

olvida que pertenecer a la fe católica significaba que uno había encontrado un lugar en el cosmos. La desaparición de sus dioses y la muerte de sus líderes habían dejado a los originarios de esa tierra en una soledad tan completa que es difícil para un hombre moderno imaginarla. El catolicismo restableció sus vínculos y uniones entre este mundo y el otro mundo.[1]

En las expresiones seculares del espíritu, también, los latinoamericanos se sienten superiores a sus vecinos anglosajones del norte. El arte, la literatura y la música se ponen en contraste con el comercio, el dinero y las máquinas que se supone que valoran los norteamericanos. Estos contrastes se expresan en varias formas, incluyendo el simbolismo de Diego Rivera y otros muralistas mexicanos, y en muchos murales chicanos en este país.

Si la leyenda negra ha disminuido hasta cierto punto a través de los siglos, todavía se oyen claramente sus ecos cuando surgen tensiones económicas y conflictos políticos en los Estados Unidos. Se puede oírla en la retórica de algunos de los detractores más fuertes de NAFTA (el Tratado de Libre Comercio), incluyendo los comentarios televisados de H. Ross Perot, o cuando la "inmigración ilegal" o las drogas se convierten en prejuicios útiles para explotar en la política interna del país. Muchos de los temas y los prejuicios en que se basan datan de hace quinientos años. No obstante, lo que puede ser nuevo es que la retórica de figuras públicas en los Estados Unidos, tanto como programas oficiales como el de construir una muralla en la frontera, ya se difunden a través de la radio y de la televisión por todo México. Con demasiada frecuencia, esto confirma las sospechas mexicanas respecto a actitudes y motivos de aquellos "buenos vecinos" al norte.

---

[1] Octavio Paz. *The Labyrinth of Solitude: Life and Thought in Mexico.* (NY: Grove Press, 1961), 26.

Una imagen especialmente negativa de los estadounidenses se describió hace dos generaciones en un estudio de imágenes que los estudiantes mexicanos tenían antes de asistir a las universidades en los Estados Unidos. Esta imagen no ha desaparecido con el correr de los años.

Antes de su llegada (los mexicanos) creían que los Estados Unidos era un país rico y altamente mecanizado; que existía un alto nivel de vida, grandes ciudades, edificios altos y un precipitado tráfico. Quizás aun más que la mayoría de los latinoamericanos o los asiáticos, los estudiantes mexicanos consideraban que los Estados Unidos tenían una sociedad materialista con escasa consideración por los valores humanísticos, la música, el arte, y la literatura; en realidad no tenían ningún sentido del verdadero significado de la vida. Por lo general, aunque el estudiante podía enterarse de las excepciones, él creía que un ciudadano de los Estados Unidos se preocupaba solamente por ganar dinero y bienes materiales. Se les creía como gente insensible, sin buenos modales, sin vida familiar, con hijos indisciplinados y viendo el divorcio como lo más común y corriente. Los hombres estadounidenses no aman a sus esposas, pensaban los mexicanos, porque las dejan hacer todo lo que a ellas les da la gana. La libertad de las mujeres y las chicas se consideraba como prueba de la inmoralidad sexual. Para el católico mexicano, los Estados Unidos es un país protestante habitado por seguidores de ideas religiosas que al mexicano desde niño se le ha enseñado a despreciar. Pero aun éstas, el norteamericano no las pone verdaderamente en práctica y por lo tanto se cree que los Estados Unidos es un país poco religioso.[2]

---

[2] Ralph L. Beals y Norman D. Humphrey. *No Frontier to Learning: The Mexican Student in the United States*. (Minneapolis: University of Minnesota Press, 1957), 50.

Los investigadores creían que estas opiniones, aun cuando muy poco favorables, eran más positivas que las que mantenía el mexicano promedio. Al continuar sus estudios en los Estados Unidos, los estudiantes mexicanos parecen romper muchos de sus estereotipos; sin embargo:

El estudiante mexicano permanecía convencido, casi sin excepción, de la superioridad de las metas de la vida mexicana con su énfasis en los valores espirituales y humanísticos. Además, él quedaba o se convertía en un nacionalista mexicano aun más confirmado.

Los mexicanos dirán que el pasado ya pasó—el arroz ya se cocinó. Pero los mexicanos recuerdan que en el siglo pasado las tropas de los Estados Unidos marcharon hasta el centro de la Ciudad de México y sacaron como tributo un territorio que incluía Texas, Nuevo México, Arizona y California. Hay un prominente monumento a la entrada del Parque de Chapultepec, donde se dice que los niños héroes se envolvieron en la bandera mexicana y saltaron desde el Castillo de Chapultepec, prefiriendo matarse antes que rendirse a los estadounidenses. En los Estados Unidos se canta acerca de este sitio en las palabras iniciales del Himno de la Marina, aunque pocos posiblemente le dan importancia a esos vestíbulos de Moctezuma, o *Halls of Montezuma*.[3] Las tropas estadounidenses atacaron la frontera otra vez en el siglo XX, dirigidas por el General Pershing, vigoroso en su persecución de Pancho Villa. Muchos mexicanos creen que su "buen vecino" del norte no está renuente a echar todo su peso encima cuando él

---

[3] En realidad el nombre es "Moctezuma" con una 'c' y no con una 'n.' Hay que culpar a los españoles por este error y no a los "marines" de los Estados Unidos, pero el visitante sensible querrá pronunciar correctamente el nombre del líder azteca.

quiere algo. Se sospecha que una forma excesivamente arrogante del interés propio es la motivación principal en las relaciones con México, ya sea por el temor a Fidel Castro desde hace más de treinta años o el anhelo más reciente por el libre comercio.

Mientras que alguien puede alegar que todo esto tiene que ver más con la política que con los negocios, para los mexicanos estos asuntos parecen mucho más estrechamente relacionados de lo que pueden parecerles a algunos estadounidenses. Un aspecto muy importante del movimiento Revolucionario que derrocó al dictador Díaz y lanzó el moderno estado mexicano fue el anti-extranjerismo. Se dirigieron sentimientos especialmente fuertes en contra de los hombres de negocios de los Estados Unidos, quienes fueron los más visibles de los ricos y poderosos empresarios. En los Estados Unidos no tenemos ninguna experiencia en nuestra historia que se asemeje en lo más mínimo a la mexicana.

Visión de la raza cósmica

La unidad espiritual de toda Latinoamérica radica en el concepto de *la raza*. No se trata de la raza mestiza en sí, la cual se exalta en el mito de *la raza*, sino de una idealización mística de la cultura latina.

Desde la Revolución de 1910, el tema de *la raza* ha ayudado a la unificación de México al celebrar al indígena y a traerlo a la corriente principal de la cultura. El lema de la Universidad Nacional Autónoma de México (UNAM) es "Por mi raza hablará mi espíritu." Esta visión no es únicamente mexicana. Muchos la ven como una continuación de las ideas de Bolívar y otros héroes panamericanos que percibían a la América hispana como una sola entidad. Como dijo un filósofo mexicano contemporáneo, "Con los siglos, el de las Américas se convertirá en la suma y síntesis de la humanidad, tanto espiritual como físicamente."

Perfil psicológico del mexicano

Tan importante como puede ser la idea de la raza cósmica para comprender la visión que mantienen muchos mexicanos, es importante mirar otra imagen: la fragmentación y la desesperación. En casi todo libro o artículo que se trata de la búsqueda de la identidad del mexicano—y no faltan tales exploraciones—se encuentra el tema del hijo melancólico, criado de la violenta unión del padre español que abandonó a su vástago y regresó a Europa y de la madre indígena violada y siempre sufrida. A pocos intérpretes contemporáneos del comportamiento mexicano les falta relacionar sus opiniones con los de Samuel Ramos en su libro *Perfil del hombre y la cultura en México*, escrito en los años de 1940 e influenciado por las teorías psicológicas de Adler de aquella época. Ramos propuso la idea de un "complejo de inferioridad nacional" como una característica del carácter nacional mexicano.

En su prestigiosa obra, Ramos vio al mexicano como a un niño ante el padre autoritario. Ramos compara el México de la preconquista con Egipto, diciendo que para cada cultura, el tiempo produjo poco o ningún cambio. La repentina ruptura de esa tranquilidad, tan brutal como fue, derribando dioses y antepasados, produjo una desmoralización que caracteriza al individuo mexicano de hoy. Aunque hay desacuerdos respecto a la inmutabilidad del período de la preconquista, el hecho es que la conquista destruyó completamente la sociedad tradicional junto con sus creencias. Es más, el mexicano, forzado a imitar las maneras del nuevo amo sin entenderlas por completo, permaneció como aniñado. Ramos vio el proceso de imitación, primero de España, luego de Francia, y más

16

Viviendo con la muerte

A menudo se dice que no se puede entender la vida mexicana sin comprender cómo ve el mexicano la muerte. En un famoso ensayo, Octavio Paz contrasta las actitudes al norte y al sur de la frontera:

La palabra "muerte" no se pronuncia en Nueva York... porque quema los labios. El mexicano, en cambio, se siente cómodo con la muerte, bromea con ella, la acaricia, duerme con ella, la celebra; es uno de sus juguetes predilectos y su amor más constante.[4]

Compare dos días festivos que comparten un pasado religioso común y que coinciden en el calendario, "Halloween" en los Estados Unidos y el Día de los Muertos en México. En los Estados Unidos hay fantasmas y esqueletos que aparecen ese día, pero son en su mayor parte simbólicos, como los colores anaranjado y negro que lo identifican como "Halloween." O aparece en disfraces usados por niños que van de puerta en puerta en busca de lo que el día verdaderamente significa para ellos, una oportunidad de acumular tesoros de dulces.

En México, el Día de los Muertos, es un día festivo para comunicarse con los muertos. Se preparan panes especiales y calaveras de dulce, y se confeccionan ataúdes, muchos de ellos personalizados con los nombres de los muertos. Se cantan canciones, en las calles se reparten anuncios o "calaveras" impresas en papel en las cuales la muerte baila con los ricos y poderosos; el Papa y el Presidente no son ni más ni menos que la gente común y corriente. En muchas casas se colocan comidas para los muertos, y los cementerios toman un aire festivo.

---

[4] Octavio Paz. The Labyrinth of Solitude: Life and Thought in Mexico. (NY: Grove Press, 1961), 57.

Igualmente sorprendente para muchos norteamericanos son las imágenes de Cristo en las iglesias mexicanas con expresiones de agonía sumamente realistas y detalladas; no se trata exclusivamente de símbolos. El visitante puede sorprenderse también al ver en una de esas elaboradas escenas del pesebre de Navidad o nacimiento, la presencia de un diablo o dos, junto a las imágenes de esqueletos sonrientes que aparecen en todas las formas del arte folklórico. Los periódicos mexicanos que publican la noticia de los accidentes de tránsito traumatizan al forastero no preparado para estos detalles. Y también se tiene la corrida de toros. Como dice otro escritor mexicano:

> Para el mexicano.... la muerte es un amigo íntimo. Nuestra gente vive con la muerte; literalmente, la sienta a la mesa y la invitan a compartir la cama. Empezando con la niñez, el mexicano encuentra a la muerte en miles de formas diferentes, imágenes y contornos.... Uno juega con la muerte, se le hace blanco de todas las bromas, uno se siente animado por un espíritu de camaradería, como si el exótico personaje fuese un viejo amigo del mexicano.[5]

---

[5] Emilio Uranga. "The Mexican Idea of Death," *Texas Quarterly* (Spring 1959), 53-54.

3

Las variedades del individualismo al norte y al sur

La historia de las relaciones entre los Estados Unidos y México no ha sido una de comprensión y cooperación, aunque existen razones para esperar que las cosas continúen mejorándose siempre y cuando las personas en ambos lados de la frontera trabajen hacia esos fines. El papel del ciudadano privado en los negocios de día en día y en las actividades profesionales es crítico. Los mexicanos y los estadounidenses que trabajan juntos se sienten a veces confundidos, irritados, desconfiados, aún en las mejores condiciones y con las mejores intenciones. Las causas se originan no en las deficiencias de cada cultura sino más bien en su interacción. Las diferencias en valores y estilos de comportamiento son lo que los estadounidenses deben considerar para poder explicar los conflictos y encontrar maneras de establecer relaciones de trabajo efectivas y productivas.

La importancia del individuo parece ser al principio un valor fundamental compartido por estadounidenses y mexicanos. Sin embargo, si las personas de cada cultura procedieran a base de tal suposición, su conversación pronto se vería deteriorada en un desacuerdo, con cada persona por su lado convencida de que su cultura es la que realmente valora al individuo mientras que la sociedad de la otra obviamente no lo hace. Finalmente llega a ser evidente que lo que quieren decir los estadounidenses y lo que desean expresar los mexicanos al hablar de la importancia del individuo no son de ninguna manera lo mismo.

El individualismo al estilo estadounidense

En el sistema de valores de los Estados Unidos hay tres suposiciones centrales e interrelacionadas acerca de los seres humanos. Estas son (1) que las personas, aparte de las influencias sociales y educacionales, son básicamente iguales; (2) que cada persona debe ser juzgada según sus propios méritos individuales; y (3) que estos méritos, que incluyen el honor de una persona y su carácter, se revelan a través de las acciones de la persona. Los valores de igualdad e independencia, los derechos constitucionales, las leyes y los programas sociales surgen de estas suposiciones. Ya que las acciones de una persona se consideran tan importantes, es la comparación de sus logros—El Señor Johnson comparado con su padre, o el Johnson de hace cinco años comparado con el Johnson de ahora, o Johnson comparado con Jones o Smith—lo que provee el medio principal de juzgar o hasta conocer a una persona.

El "espíritu interno" del mexicano

En México es la singularidad del individuo lo que se valora. Se asume que es una cualidad que reside dentro de cada persona y la cual no es siempre evidente a través de las acciones o los logros. Está más cercana a la noción del "alma" que a la del "carácter." Esa cualidad interna que representa la dignidad de cada persona debe ser protegida a toda costa; cualquier acción o comentario que pueda interpretarse como un desaire a la dignidad de la persona puede ser considerado como una provocación seria. Aun más, en vista de que el mexicano en general se considera primero que nada como parte de su familia y sólo secundariamente como un miembro de su profesión, comercio u organización, un menosprecio a cualquier otro miembro de su familia será tan provocativo como un insulto directo.

Este contraste, que se expresa a veces como la distinción entre el "individualismo" en el caso de los estadounidenses y como la "individualidad" en el caso de los mexicanos, lleva frecuentemente a malentendidos en los encuentros interculturales ya sea en pláticas superficiales o en discusiones filosóficas.

Mientras el mexicano se refiere a las cualidades internas de la persona en términos de su alma o de su espíritu, los norteamericanos bien pueden sentirse incómodos usando tales palabras en referencia a la gente. En los Estados Unidos se tiende a considerar tal tipo de conversación como algo vago o sentimental; las palabras parecen describir algo invisible y por lo tanto desconocido, o por lo menos "demasiado íntimo y personal." Para muchos norteamericanos tal plática puede ser aceptable en algún contexto religioso, pero por lo general eso también se ve como un asunto privado. En nuestra experiencia, muy poco nos ha preparado para expresar abiertamente esa clase de sentimientos; en vez de esto podemos quizás expresar nuestra incomodidad o tratar de cambiar el tema hacia algo que nos agrade más. Esta renuencia de hablar de las cualidades internas de un individuo puede comunicar a los mexicanos que los norteamericanos son, como se sospecha, insensibles y que no están realmente interesados en el individuo.

La igualdad es un valor (aun cuando no se lleve a la práctica) que requiere de los estadounidenses mucha conformidad positiva a los principios o reglas sociales. Creemos que es tanto sabio como normal tratar de obedecer las leyes y poner como ejemplo el juego limpio. (Se dice que el "juego limpio" está entre las expresiones más difíciles de traducirse completamente a otros idiomas por todo lo que evoca de su historia inglesa.) Esto se satiriza en el viejo chiste acerca de dos cazadores ingleses quienes junto con sus perros de caza están en el bosque cazando: uno de ellos ve un movimiento en los arbustos y dispara; al momento, el otro exclama: "¡Santo Dios! Hombre, usted casi mató a mi perro!" A lo cual el primero le responde: "Lo siento en el alma, aquí por favor péguele usted un tiro al mío." Hasta donde yo sé, éste es un chiste estadounidense que juega con el estereotipo del inglés que lleva a extremos "este asunto de la justicia" pero que también es gracioso porque el estadounidense reconoce en esto algo de su propia cultura. También los mexicanos y otros latinos hacen a los estadounidenses el blanco de los chistes por su aparente atención excesiva a principios abstractos que detraen de asuntos más urgentes o personales.

En los Estados Unidos confiamos en las reglas y nos gustaría confiar en que los demás obedecen esas reglas para que así todos tengan las mismas oportunidades y obligaciones. Un amigo mexicano indicó una vez que se sorprendió al descubrir que en los Estados Unidos un chofer se paró en una luz roja muy entrada la noche cuando no había nada de tráfico en las calles. "Yo pensaba que ustedes se habían rendido o entregado a sus máquinas. Ahora veo que a ustedes en realidad los gobiernan ciertos principios abstractos." Añadió que, en su opinión, "Ningún mexicano se pararía así—¡no un mexicano de verdad!"

El ideal de ser justo en los Estados Unidos trasciende el deseo de ser "leal" o de "ganar" a cualquier costo. Cualquier relato objetivo de la historia de los Estados Unidos indicaría que tal no ha sido la práctica, y en cualquier caso se ofrecen muchos dichos que se contradicen unos a otros. Comparen: "No se trata de perder o ganar, se trata de saber cómo jugar el juego" y lo que dice Vince Lombardi: "Ganar no lo es todo, es lo único que hay."

Muchos mexicanos reciben los mensajes contradictorios—que a veces hay imparcialidad, a menudo codificada en las leyes, lo cual excede al comportamiento comparable en México, pero otras veces el prejuicio o un simple egoísmo contradice los ideales.

Como veremos en otra parte, los mexicanos, mucho más seguido que sus semejantes norteamericanos, pueden ignorar algunos principios abstractos en favor de una persona verdadera. Es por eso que un chofer de taxi mexicano puede pararse a recoger a un amigo a quien ve caminando por la calle, aun cuando lleva a un pasajero en el asiento de atrás que le ha pagado por el viaje, o los choferes de autobuses pueden meterse de pronto en una carrera por el bulevar, aun cuando sus pasajeros les vayan gritando que desean bajarse en su parada.

Pueden surgir tensiones entre mexicanos y estadounidenses respecto a lo que parece ser un conflicto entre confiar en individuos específicos o en principios abstractos. En una empresa de negocios, el gerente norteamericano bien puede ver la organización y sus procesos como primordiales, con el papel de personas específicas siendo más o menos de apoyo a tal sistema. Individuos pueden ser reemplazados si hay necesidad; nadie es indispensable. Cuando se pone énfasis en el espíritu de la persona o se ve a la organización como si fuera una familia, no obstante, parece igualmente claro que nadie puede ser reemplazado exactamente por otra persona. Esto no quiere decir que una organización mexicana es siempre una gran familia feliz. Hay celos, rivalidades, mezquindad y en ocasiones competencias desagradables en las cuales un gerente norteamericano pronto cae en cuenta. Pero la sensación de ser parte de la compañía, el significado de las relaciones con otros, y las expectativas acerca de cómo lo deben tratar a uno son diferentes a las de una organización comparable al norte de la frontera.

Una situación en la cual la diferencia es a veces evidente es cuando dos personas compiten por una promoción. Un gerente estadounidense con experiencia en ambos países lo expresó de esta manera:

En México, Ricardo y Roberto pueden competir en términos más personales pero usualmente no abiertamente. Es menos probable que ellos se consideren a sí mismos como competidores en sus habilidades para ayudar a la empresa a que simplemente piensen en sus habilidades como tales, porque cada uno de ellos se considera a sí mismo como la mejor persona.

Algunos ven esta dramatización de la habilidad personal, incluyendo el poder, la influencia y el orgullo, como el hombre mexicano mostrando su machismo; otros lo describirían como una demostración del liderazgo. (Véase también el Capítulo Cinco.) Es en realidad ambas porque las dos se intercalan mucho.

En una pelea de boxeo, el árbitro dice "Qué el mejor hombre sea el vencedor." Para los norteamericanos esto significa que será justo si la persona que es la mejor en el boxeo gane el juego. En México, creo que la gente realmente quiere que gane el *mejor hombre*."

Con respecto al respeto

Tanto los estadounidenses como los mexicanos pueden hablar de la necesidad de "respetar" a otra persona, pero aquí también el significado de la palabra "respeto" difiere de cierta manera a través de las culturas. En un estudio de las conotaciones de esta palabra que se llevó a cabo en ambos países, se encontró que los norteamericanos consideraban el "respeto" como algo ligado con los valores de igualdad, el juego limpio y el espíritu democrático. No existían implicaciones emocionales. Uno respeta a los demás de la misma manera que uno puede respetar la ley.

Para los mexicanos, sin embargo, el "respeto" tenía una carga emocionalmente más fuerte, implicando asuntos de poder, posibles amenazas y muchas veces una relación de amor y odio. El significado de "respeto" en México surge de poderosas relaciones humanas, tales como las que hay entre padre e hijo, o patrón y obrero. En casos como éstos es como si fuese el destino o las circunstancias fuera del control de uno que determinaron la relación en primer lugar, y ambas partes reconocen que son desiguales en su poder e influencia. Puede haber sentimientos de culpa de que se pidió mucho o muy poco se dio; o resentimiento de que no se ofreció suficiente o que muy poquito se solicitó y aun eso se otorgó con renuencia. De cualquier manera, en México el asunto de "respeto" parece ser más personal y más un asunto circunstancial, mientras que para los estadounidenses el "respeto" es más bien un asunto de principios a los cuales los individuos se entregan voluntariamente.

Un gerente mexicano puede inspirar respeto por su posición, su edad o su influencia; en cuanto al gerente norteamericano lo más probable es que desee ganarse el respeto por medio de sus logros o de ciertas relaciones justas e imparciales con sus subordinados. Así es que los gerentes estadounidenses en México a veces tratan de demostrar algo que sus empleados mexicanos ya han asumido, mientras que al mismo tiempo dan por sentado muchas cosas que le quedan por demostrar a sus empleados. Un gerente de ventas mexicano de una firma de los Estados Unidos recuerda a un vicepresidente estadounidense que, según dice, "trataba de 'ganar' nuestro respeto mostrando lo mucho que trabajaba para la compañía mientras que sólo mantenía un interés superficial por el resto de nosotros. El tenía las cosas al revés. Por supuesto que lo respetábamos— él era el vicepresidente. Pero eso era todo.

Para tener éxito, el gerente estadounidense necesita confiar en sus empleados para inspirarles confianza y lealtad. Sin duda éste es el caso de un buen gerente en cualquier lugar. Pero tomando en cuenta la larga historia de relaciones interculturales entre los Estados Unidos y México en casi todos los niveles, uno no puede tomar como un hecho que esa confianza se ganará automáticamente. Esto no significa hacerce "muy cuate" de todos. Lo que sí significa es algo aun más difícil para muchos estadounidenses—decir adiós al "tiempo personal" y a la "privacidad" como una marca de respeto. Esta parte de la confianza es similar a lo que se encontraría en culturas tan diferentes como la del Japón, donde las lealtades personales tienen tanta importancia. Eso es también lo que hace que los de una tradición anglosajona nos pongamos nerviosos—los peligros del abuso de lealtades, que da beneficios a algunos que no se lo merecen mientras que se priva a otros de tales beneficios. Ciertamente en México, este peligro es bien conocido. Pero la ausencia de por lo menos algo de ese espíritu de lealtad no es nada atractiva.

La suprema importancia de la familia

El valor del individualismo requiere una reevaluación correspondiente de la familia. Mientras que la familia es una parte muy apreciada en el estilo de vida estadounidense, lo que se interpreta como "la familia" y sus relaciones hacia el individuo es muy diferente de lo que se encuentra en México—o, en verdad, en casi todo el resto del mundo. Para los estadounidenses, la "familia" generalmente significa padres e hijos y preferiblemente no muchos de éstos. La familia proporciona una clase de nido que al joven adulto se le anima a abandonar alrededor de los veinte años. Esto ayuda a la independencia no solamente del muchacho sino también de los padres. Los padres deben mantener a sus hijos hasta cierto punto, pero se espera que los hijos salgan adelante solos.

La familia en México incluye típicamente a muchos más parientes y especialmente muchos más hermanos y hermanas que permanecen en estrecho contacto. Aunque puede haber diferencias muy grandes, la lealtad del uno al otro y hacia la familia es muy fuerte. A los jóvenes no se les anima a irse de la casa cuando apenas han pasado los veinte años. Al norte de la frontera la independencia de un chico o una chica es por lo general un crédito para sus padres; en cambio la independencia comparable en México puede ser vista como indicación de alguna desavenencia en la familia.

Tales diferencias en el significado de la familia en las dos culturas influyen cómo la gente usa su idioma. La amistad en los Estados Unidos, por ejemplo, se expresa usualmente en términos individualistas: "amigos," "aliados," "vecinos" y otros. Entre algunos afro-americanos y algunos blancos sureños, los términos de familia tales como "hermano," "hermana" o "primo" se usan para describir estrechos sentimientos entre amigos. También en México, se puede escuchar "jefecito" para el papá—o "jefecita" para la mamá; para describir a los amigos más cercanos se dice "hermanos (o hermanas) del alma." Al norte de la frontera, el uso extenso de "hermano" o "hermana" para alguien que no es de la familia ha sido parte de la expresión idiomática principalmente entre afro-americanos por más de tres décadas. La influencia negra en el habla y los valores de los anglo-americanos ha afectado también el habla de algunas feministas, que usan libremente la palabra "hermana." Por esto, una mujer estadounidense puede sentirse muy cómoda al ser llamada "hermana" por los mexicanos. Los hombres anglos, en cambio, no suelen sentirse tan cómodos si uno los llama "hermano." Sin embargo, las mujeres estadounidenses que usan el término "hermana" pueden no siempre actuar en la forma o manera que esperan los mexicanos de alguien que usa tal palabra. Esto puede causar confusión, desilusión y alienación para la "hermana mexicana."

Normalmente, cuando personas al norte y al sur de la frontera hablan de relaciones estrechas, el norteamericano usará lo más probable una palabra como "socio," la cual refleja una cooperación voluntaria de individuos, mientras que el mexicano puede usar una palabra como "hermano" o "hermana" que refleja una unión perdurable que va más allá del control de un solo individuo.

Con un poco de ayuda de mi familia

El hacer preguntas acerca de la familia de una persona a la cual no conocemos bien puede causar cierta incomodidad para el estadounidense. Al norte de la frontera se puede escuchar, "No conozco lo suficientemente bien a la persona como para preguntarle por su familia." El mexicano, por otra parte, puede sentir lo contrario. "Si no pregunto acerca de la familia de esta persona, ¿cómo la voy a conocer en realidad?"

La familia forma una parte mucho menos importante del marco de referencia del individuo en los Estados Unidos de lo que usualmente es el caso en México. Los vecinos, amigos o asociados, aun algún abstracto "estadounidense promedio" puede ser la base para la comparación que se necesita para evaluarse a uno mismo o a otros. "Estar al nivel de los Jones" puede ser importante en Nueva York o Chicago, pero estar al nivel de su propio cuñado es más importante en la Ciudad de México. De la misma manera, el mexicano depende de sus familiares o sus amigos cercanos para ayudar a "arreglar las cosas" si hay un problema o para proveer un préstamo. Mientras que esto no es de ninguna manera raro en los Estados Unidos, los valores dominantes de la cultura favorecen una respuesta institucional, la cual se ve tanto eficiente como justa.

Las conexiones y las empresas

Las familias se extienden más allá de las líneas consanguíneas por medio de la institución del compadrazgo, relaciones del padrino. Frecuentemente, ser padrino o madrina es mucho más que un honor; es un medio por el cual se convierte uno en parte de una vasta red de relaciones a través de las cuales se puede buscar y otorgar consejos, préstamos o favores. En México se oye hablar de las "conexiones" (el "enchufe") de una persona o la "influencia" que es frecuentemente por medio del sistema familiar. Respecto a esto, los mexicanos muestran no solamente mucha más lealtad e identificación hacia el grupo (si es una empresa familiar) de lo que hacen los norteamericanos; los mexicanos sobrepasan aun a los japoneses en cuanto a lealtad de grupo.[1]

El hablar de conexiones en México es usualmente en términos de la persona en la cima de la organización, ya sea en los negocios o en el gobierno. Se dice que el líder de una organización en México debe aparentar no ser tan diferente del padre en una familia tradicional mexicana: firme, estricto, retraído pero no completamente lejano. Uno que afirma tener conexiones, por lo tanto, alude a medios especiales y personales de alcanzar a un individuo del cual otros quedan excluidos.

La credibilidad de la persona que habla ha sido reconocida por dos mil años como el factor que más influencia tiene en la persuación. En México la credibilidad queda demostrada por la posición o el rango y las "conexiones," más que en los Estados Unidos, donde es el *record* de logros personales de cada uno que suele llamar la atención.

Los estadounidenses también, por supuesto, hablan a veces de conexiones (aunque sea solamente al "mencionar un nombre") como un medio de obtener una ventaja especial fuera de un sistema que creemos no debe promover esa clase de influencias. Por lo tanto, los estadounidenses

---

[1] Gert Hofstede, *Culture's Consequences*. (Beverly Hills: Sage, 1980), 158.

pueden encontrarse impresionados y al mismo tiempo un tanto molestos por tal conversación. En México esto se toma en serio porque muchas veces es a través de estos medios no oficiales que se hacen las cosas.

Aquí, entonces, hay otra posible fuente de conflicto entre los mexicanos y los estadounidenses que trabajan en México. Cuando se necesita escoger entre las obligaciones de familia (o usar una red de conexiones relacionadas con la familia) y a la vez obedecer alguna regla o algún principio abstracto, es lo más probable que los mexicanos se sientan empujados hacia lo primero, los estadounidenses hacia lo segundo.

Aun las grandes empresas mexicanas (la sociedad anónima o sea S.A.) pueden ya bien estar controladas por un grupo familiar, pequeño o grande, junto con algunos amigos cercanos. Es común en la Ciudad de México que una familia controle una diversidad de empresas. Estos negocios de familia pueden estar completamente desconectados en el tipo de actividades o estructura financiera. Pueden también estar manejados por ejecutivos de alto nivel que no tienen ningún parentesco con la familia.

Los estadounidenses quedan algunas veces sorprendidos cuando una empresa no se anima a tomar ciertas medidas para rendir al máximo sus ganancias o para razonar la planificación a largo plazo. Muy a menudo, las razones se encuentran en los intereses y las tradiciones de la familia en control. Uno debe tener cuidado de no presionar a un hombre influyente sobre asuntos de negocios si uno sospecha que el hombre tiene otras presiones de la familia.

Aun así, están sucediéndose cambios drásticos en los negocios mexicanos así como en el resto de la sociedad. También se están cambiando las respuestas a los Estados Unidos. Los efectos cumulativos del contacto con el vecino del norte, los cuales parecen acelerar y expandir exponencialmente, les dan a muchos mexicanos una familiaridad con los Estados Unidos y una confianza en sí mismos en tratos con los estadounidenses que ya es bastante evidente. Un hombre de negocios mexicano, orgulloso de su herencia, de la posición de su familia, de su educación en México y posiblemente también en los Estados Unidos o en Europa, de su bilingüismo, de su erudición, si así se quiere, es una persona a quien hay que tomar muy en serio. Muchos mexicanos se sienten superiores a sus homólogos estadounidenses en educación, sofisticación cultural y en sus habilidades sociales, y lo demuestran así día tras día.

El sexo, los "roles" y la sexualidad

En la última década se han visto esfuerzos impresionantes para concientizar a los hombres y las mujeres en los Estados Unidos con respecto a las actitudes sexistas como se revelan en el habla, en la publicidad y en las prácticas de contratación o empleo. Cada vez más en la ropa y en la moda, en los pasatiempos y en las carreras, la línea entre lo que es apropiado para un hombre y para una mujer se ha hecho borrosa. Si la gente ahora todavía no está "liberada" de las viejas actitudes y los viejos valores, están por lo menos conscientes de que los cambios están llevándose a cabo. Dónde y cuándo se encuentra el sexismo discriminatorio en los negocios, la cuestión puede ser llevada a la corte en un pleito.

Los mundos separados del hombre y la mujer

Por estas razones, muchos estadounidenses encuentran que es más difícil adaptarse a las creencias y a los valores mexicanos con respecto a los papeles sexuales (y el papel del sexo) en los años noventa de lo que se podía haber encontrado tan sólo hace una generación.

El gerente estadounidense puede ser abofeteado por las contracorrientes al tratar de adaptarse a los valores y comportamientos mexicanos, mientras que todavía permanece fiel a las políticas de la oficina matriz. Estas, a su vez, pueden ser apoyadas, por lo menos hasta cierto punto, por las creencias personales y la ley. El gerente puede ser sensible a la cuestión de discriminación basada en el sexo, pero iniciar la "charla sexista," mucho más allá de lo que fuese inapropiado en los Estados Unidos, tendrá que pasar sin ninguna censura.

Como en la mayor parte de las culturas tradicionales, el comportamiento de los hombres y las mujeres se distingue claramente, y hay una fuerte presión social para mantener estas distinciones. Las mujeres deben actuar como mujeres y hacer el trabajo de mujeres y los hombres deben actuar como hombres. Esto significa, entre otras cosas, que el hombre estadounidense en México a quien le gusta cocinar o tejer debe refrenarse de anunciar esos intereses. Por otro lado, las mujeres estadounidenses deben tener cuidado de no aparecer demasiado agresivas en la compañía de un hombre.

El machismo

Sin lugar a dudas el aspecto de los papeles sexuales masculinos que provoca la mayor incomodidad en los estadounidenses, especialmente en las mujeres, es el machismo. *Macho* es una de esas palabras que ha cruzado la frontera hacia el vocabulario en inglés, aunque ha perdido algo en el camino. Hace una generación, una canción popular en los Estados Unidos llevaba el refrán "¡Quiero ser un hombre macho!" Es difícil imaginarse a un hombre mexicano que cantara estas palabras, ya que uno que solamente *quisiera* ser macho ¡no cantaría acerca de ello! De todos modos, el machismo se revela menos en las palabras que de otras maneras, tradicionalmente por tales medios como llevar pistolas o tener amantes. Algunos también atribuyen al machismo la popularidad de los bigotes en México, aunque otros piensan que la moda se desarrolló ya que los mexicanos querían demostrar que ellos, en una sociedad consciente de razas y de clases sociales, no eran indios. De hecho, la expresión de ser macho se identifica mucho con la parte no indígena de la cultura. Algunos culparán—o darán el crédito—a la influencia árabe de los moros en España por su contribución al machismo junto con tantos otros aspectos de la cultura que consideramos "mexicanos." El machismo también puede revelarse a través de ciertas expresiones de nacionalismo y entrega religiosa. El catolicismo en México se percibe como más viril que el "protestantismo seco" asociado con el *yanqui* o el judaísmo.

Lo que los estadounidenses pueden encontrar más odioso en el machismo mexicano son las miradas sexuales y los comentarios descarados que los hombres dirigen en público hacia las mujeres (también hechos con la intención de que sean observados por otros hombres). Esto es en parte porque los norteamericanos son especialmente sensibles al "sexismo" (o por lo menos a la apariencia de ser "sexista"— una consideración tanto legal como social). Hay también críticos del machismo entre los mexicanos; los yucatecos dicen que no hay machismo en su región, una prueba más de su superioridad maya. El culto a la hombría, sin embargo, no se concierne simplemente con el sexo sino más ampliamente con la autoridad. El machismo es solamente una de las manifestaciones del autoritarismo, una orientación con la cual los norteamericanos pudiesen sentirse todavía más incómodos.

Según Díaz-Guerrero, el respeto por una figura de autoridad en México es evidente cuando:

1. el individuo parece ser efectivo respecto al sexo o cuando él habla o presume convincentemente de sus muchos éxitos como seductor;

...le una manera concluyente o demuestra que no
...lo de la muerte;
...distingue en la esfera del intelecto, incluyendo la filosofía
y la ciencia.

La tercera característica es un tanto sorprendente. En los
Estados Unidos tenemos la tendencia de considerar los
logros intelectuales como lo opuesto a la masculinidad. En
México, sin embargo, así como pasa en toda Latinoamérica,
no hay tal separación. Los hombres fuertes y tercos citan
con orgullo versos de poesía que ellos escribieron, o
refleccionan sobre los antecedentes de la filosofía
contemporánea. Aun así es la aguda mezcla de sexualidad
y una clase de fuerza junta con variedades de patriotismo y
religiosidad que nosotros asociamos más con el machismo.

El estadounidense en México no necesita adoptar
ninguno de los símbolos más notorios del machismo pero él
debe percatarse de los estilos de liderazgo que el machismo
puede requerir. Un sociólogo mexicano lo explica de esta
manera: "El padre en México desea que su hijo sea macho,
pero no tanto como él mismo. A nivel nacional, el
Presidente, el macho máximo, desea que su gente sea fuerte,
pero no tan poderoso como él." En relaciones entre los
estadounidenses y los mexicanos, un gerente
estadounidense debe parecer fuerte y competente, o sus
subordinados mexicanos no lo respetarán. No obstante, él
no debe actuar de manera arrogante como para parecer
superior a los mexicanos. Al intentar esto, cualquiera que
asuma un "papel paternal" debe estar consciente también
de que el indicar a alguien en México que "Yo soy tu padre"
puede entenderse como un grave insulto, implicando no
solamente superioridad hacia esa persona sino también la
violación de la madre de esa persona.

Un gerente expatriado que llevaba solamente unos
cuantos meses en México y a quien le gustaba vivir allí,
dijo: "Si sólo el machismo pudiese eliminarse, muchos de

los problemas de México podrían desaparecer." Un amigo mexicano estuvo de acuerdo, pero luego añadió: "Y también mucho de lo que es mexicano desaparecería también."

La mujer mexicana

Las mujeres mexicanas, por lo menos las de la clase media y clase alta, le dan mucha atención a su apariencia personal. La preocupación sobre la ropa, el maquillaje y el peinado impresiona a muchos estadounidenses como excesiva. En cambio, las mujeres estadounidenses, como las perciben muchos mexicanos, parecen a menudo carecer de feminidad. Desde el punto de vista mexicano, si es muy independiente, su moral queda en duda también. Una mujer casada que parezca ser demasiado independiente, ya sea en cuanto a la mobilidad o en expresar sus opiniones que no estén de acuerdo con las de su esposo en su presencia, puede poner en duda el machismo de su esposo.

La madre en México mantiene un lugar muy especial. Se les aconseja a los estadounidenses recién llegados a México que vayan a ver películas mexicanas o que vean las telenovelas en la televisión mexicana para obtener un sentido más claro de la importancia de la madre. Ella depende de sus hijos para que la cuiden en su vejez, y es parte del machismo del hijo hacer esto y defender el honor de ella en todo caso. Cualquier implicación de un insulto a la madre de uno es una provocación seria. Y hasta la palabra "madre" en ciertos contextos puede ser provocativa. Los estadounidenses deben tener cuidado en usar esta palabra; la alternativa "mamá" es a menudo más segura.

Los estadounidenses bien pueden pensar que los hombres mexicanos exageran su devoción a la madre y que se olvidan de mostrar suficiente respeto a sus esposas; los mexicanos bien pueden considerar a los estadounidenses de la manera opuesta.

Ha habido grandes cambios en las actitudes mexicanas en cuanto a las relaciones entre los sexos y hacia los papeles apropiados de cada sexo. Por supuesto, los cambios en las áreas urbanas son más pronunciados que en el México rural o en los pueblitos. El Congreso del Año Internacional de la Mujer de la ONU se llevó a cabo en 1975 en la Ciudad de México, lo cual muchos han considerado como un evento de importancia simbólica para la nación anfitriona. Mayores esfuerzos en el área de planificación familiar se siguen llevando a cabo para reducir la alarmante tasa de crecimiento de la población. En tal proceso se alteran algunas de las actitudes tradicionales, ya que se considera que tener muchos hijos es una prueba importante de la virilidad del hombre. Esto da por resultado adicional el requerir que la madre permanezca en su papel doméstico tradicional.

Una faceta de las relaciones hombre/mujer que ha cambiado considerablemente, pero que todavía requiere cuidado por parte de un recién llegado, data de los tiempos de la conquista española, y probablemente, antes de eso se remonta a la influencia de los moros sobre los españoles. Esta es la sospecha de una atracción sexual entre el hombre y la mujer casi inevitable cuando los dos se quedan a solas.

Una manera de manejar esta expectativa ha sido el asegurarse de que siempre haya una tercera persona, una hermana o tía, típicamente, que estaría presente cuando un novio y novia estuvieran juntos. Aunque la costumbre del acompañante o "chaperón" ha disminuido en las grandes ciudades en los años recientes, no ha desaparecido por completo. Es más, si un hombre visita la casa de una ama de casa cuando el marido de ella no está, o una pareja que no está casada se encuentra sola en cualquier otra circunstancia, en México puede levantarse una sospecha mucho más que en los Estados Unidos.

Hay significados que deben leerse en situaciones y circunstancias que uno tiene que aprender si quiere evitar malentendidos y más aun experiencias desagradables. Un jefe que invita a su secretaria a tomar una copa después del trabajo puede o no tener motivos ulteriores en cualquier país. Sin embargo, la creencia de que ésta fuese una insinuación romántica o indecorosa será más común en la Ciudad de México que en Nueva York o en Los Angeles.

Un ejecutivo estadounidense apuntó, "Cuando yo asistía a una escuela primaria católica en Baltimore, los sacerdotes siempre nos decían que no sólo debíamos evitar el escándalo, debíamos evitar la apariencia del escándalo. Nosotros les decíamos que lo que hacíamos no era asunto de nadie más, y, que de cualquier manera, no podíamos evitar lo que pensaran los demás. Su consejo, sin embargo, es bastante apropiado aquí en México. El 'escándalo' puede ser una palabra muy fuerte, pero las apariencias parecen ser mucho más importantes en México que en los Estados Unidos."

6

En México las diferencias hacen una gran diferencia

Una vieja distinción entre un optimista y un pesimista cuenta que cuando ellos ven un vaso parcialmente lleno de agua, el optimista lo ve medio lleno, mientras que el pesimista lo ve medio vacío. De manera similar, las culturas varían en cómo se perciben la edad de una persona, el sexo, el papel que juegan en la sociedad y su posición. La cultura estadounidense nos alienta a minimizar la importancia de tales factores, aunque no siempre lo hagamos así.

Para los mexicanos, tales diferencias son muy importantes. En un grado mayor que en los Estados Unidos, los factores como son la edad, el rango y el sexo guían las acciones de un individuo hacia los demás. Por ejemplo, mientras que los estadounidenses resienten a una persona que "jale el rango" (use la posición social para su beneficio propio) o que insista en que tiene razón debido a su edad, en México tal comportamiento no es necesariamente reprensible.

Por lo tanto por nuestras actitudes distintas respecto al trato de diferencias entre la gente, podemos dar con

41

situaciones muy delicadas. Los estadounidenses pueden atribuir la atención a tales asuntos al prejuicio y la discriminación, o a cualquiera de los populares "ismos" acerca de los cuales nos hemos vuelto sumamente conscientes.

En los Estados Unidos hemos aprendido a sentirnos incómodos cuando a las diferencias del tipo antes mencionadas se les da atención especial en la comunicación. Amenaza nuestra fe en la igualdad. En verdad, para parafrasear a George Orwell, podemos desear que algunas personas actúen más como iguales que otras; que los niños se sometan a sus padres, que los dependientes sirvan a sus clientes y no a la inversa, y que los empleados no muestren insubordinación. Y sin embargo aun en estas relaciones, las maneras de comunicarse de los estadounidenses, en la superficie por lo menos, pueden parecer más egalitarias de lo que se encuentra en la mayor parte del mundo. En los años recientes hemos aprendido que muchas distinciones previas como la raza, el sexo, la edad y el estado civil se pueden convertir fácilmente en la justificación de comportamiento discriminatorio, y por lo tanto hemos eliminado ciertas clasificaciones personales en las formas de solicitud de trabajo. Hemos inventado la palabra "Ms." (Señora/Señorita) para igualarse con "Mr." (Señor), y hemos pasado leyes y creado políticas en las empresas para expresar este mismo principio.

En México, las diferencias de edad, sexo, papeles y otros tales convencionalismos se consideran muy importantes. A los ojos de Dios, todas las personas se ven iguales pero un hombre es un hombre, una mujer es una mujer; los hijos y los padres no se intercambian, ni a un patrón puede verse como a una clase especial de peón. Para los estadounidenses tal descripción les puede sonar anticuada en el mejor de los casos; y en el peor, suena sospechosamente llena de prejuicios.

En gran medida estas diferencias que demandan la atención en la comunicación interpersonal en México se reflejan en la estructura de poder mexicano. México es una sociedad muy jerárquica, en los patrones familiares, en las órdenes seculares y religiosas, en la política, y en los negocios.

Esta aceptación de la estratificación, en la opinión de muchos doctos en la materia, data de antes de la llegada de los españoles. En un estudio reciente del grado en el cual la gente de 39 sociedades aceptaba esta clase de estructura de poder, México ocupó el segundo lugar, y los Estados Unidos ocupó el vigésimo-quinto lugar. Así las expectativas tanto como el comportamiento de la gente con respecto a la estratificación social en los Estados Unidos y en México pueden ser bastante diferentes.[1]

Cuando los estadounidenses en México tratan de minimizar ciertas clases de diferencias en sus relaciones, bien puede ser que cometan dos clases de errores. El primero es que actúan en maneras que parecen ignorar las diferencias entre ellos y las personas en papeles subordinados, tales como una sirvienta o un jardinero. Los estadounidenses para quienes México representa su primera asignación fuera del país pudiesen no haber tenido tal ayuda doméstica previamente. Aun así, son los valores estadounidenses más que la falta de experiencia lo que llevan a algunos recién llegados a México a invitar a la sirvienta a cenar en la mesa con la familia. Tales expresiones de valores egalitarios pueden parecer inconsistentes con otras cosas que hacemos y decimos, y son definitivamente inconsistentes con el comportamiento que los mexicanos esperan de nosotros. Asimismo, a un gerente estadounidense en el trabajo le puede parecer difícil

---

[1] Gert Hofstede, *Culture's Consequences* (Beverly Hills, Sage, 1980), 158.

entender cómo los empleados pueden preferir trabajar para un jefe tiránico con aire de superioridad más que para un jefe que parece compartir mucha responsabilidad en hacer decisiones. Al estadounidense en México se le aconseja que primero tome en cuenta sus propios valores culturales y los sentimientos que éstos inspiran antes de tratar de imponerlos sobre otros y correr el riesgo de sentirse frustrado.

La segunda clase de error es probablemente más fácil de evitar. Este es el error de no alabar suficientemente a algunas personas cuya edad o rango o papel demandan atención especial en México. El dueño de un taller de reparación de automóviles puede considerar como *maestro* a un mecánico que es mayor de edad y con más experiencia, aunque todavía sea su empleado. Los doctores, abogados e ingenieros, por supuesto, cada uno tiene su propio título lo cual toma muy en serio, y se espera que así también lo tomen los demás. El tomarlos a la ligera es menospreciar la dignidad de la persona.

7

La verdad y nada más que...pero...

Durante el congreso mundial llevado a cabo en México para el Año Internacional de la Mujer, algunos visitantes experimentaron por primera vez la clase de problemas de los cuales muchos norteamericanos se han quejado desde hace mucho tiempo en México. A algunos visitantes se les decía una cosa, solamente para descubrir luego que lo que les habían dicho parecía no tener ninguna semejanza a los hechos. Una delegada que preguntó dónde se llevaba a cabo una reunión, recibió indicaciones claras, pero al llegar al destino no encontró tal reunión. "No era que los mexicanos eran poco amistosos o que no deseaban ayudar— ¡sólo estaban equivocados!" Los gerentes estadounidenses que trabajan con mexicanos han expresado quejas similares algunas veces; un empleado dice que un proyecto está terminado cuando de hecho ni siquiera se ha empezado.

Díaz-Guerrero ofrece una explicación. Hay dos clases de "realidades" que deben distinguirse, la objetiva y la interpersonal. Algunas culturas tienen la tendencia de tratar todo en términos de la realidad objetiva; ésta es una característica de los Estados Unidos. Otras culturas suelen tratar las cosas en términos de relaciones interpersonales, y así es en México.

Visto desde la perspectiva mexicana, un visitante le pide a alguien información que esa persona no sabe. Pero deseando que el visitante sea feliz y para gozar de unos cuantos momentos agradables juntos, el mexicano a quien se le preguntó trata de quedar bien, diciendo algo que va a agradar al visitante. En una tierra en donde las fuerzas externas parecen regir, estas ocasiones interpersonales permiten a una persona a invertir brevemente el orden de las cosas, al reportar como real lo que uno desearía fuese así. Los mexicanos, por supuesto, no tienen monopolio en decirle a otra persona lo que esa persona desea escuchar; parece que sucede así en todas las culturas hasta cierto punto.

Los estadounidenses siempre le han dado especial importancia a decir la verdad. Las lecciones más claras en la vida de los dos héroes legendarios de la nación, Washington y Lincoln, se distinguen por su honestidad. Por otro lado, los presidentes a quienes más se les ha desprestigiado, Harding y Nixon, se les menosprecia por su falta de honestidad.

¿Son tan honestos los norteamericanos? Para decir la verdad, no lo son. Pero quisiéramos creer que la honestidad es la mejor política y dentro de una empresa nos gustaría creer que un "sí" significa que sí y que un "no" significa en realidad no. Para los estadounidenses un hombre que siempre dice "claro que sí" es débil, no lo suficientemente independiente para expresar sus propios puntos de vista, pero hasta este hombre que siempre dice "claro que sí" debe decir que "no" si él no entiende algunas instrucciones cuando se le pregunta si en verdad las entiende.

"Tantas clases de verdades como variedades de plátanos"

Un hombre de negocios de Veracruz hizo una analogía notable entre la verdad y los plátanos. El dijo, "Ustedes los norteamericanos, cuando piensan en un plátano, piensan en una sola clase de fruta. Pero cuando ustedes vienen a México y visitan un mercado, ven que hay tantas clases de plátanos. Algunos son grandes y sólidos y se usan para cocinar, como las papas. Usted nunca supo que existía tal cosa. Otros son tan pequeños como el pulgar y más dulces que las golosinas. Usted nunca imaginó tal cosa. Y yo le diré, amigo mío, aquí en México tenemos tantas clases de verdades como existen diferentes variedades de plátanos. ¡Usted no sabe lo que se ha estado perdiendo!"

Aunque su analogía es un tanto forzada, su punto se toma en cuenta: lo que esperamos y cómo definimos "la verdad" o "la mentira" es un asunto cultural. Cuando los estadounidenses y los mexicanos trabajan juntos, esto puede llegar a ser un motivo de conflicto y de confusión intercultural.

Se deben considerar dos cosas. Una es la variedad de situaciones en las cuales es aceptable no expresar la verdad ("la verdad, toda la verdad y nada más que la verdad"). La segunda tiene que ver con la propia creencia del interlocutor en lo que dice.

En cuanto a la primera, los estadounidenses distinguen la línea entre la honestidad y la "mentirita piadosa" casi en el mismo punto donde separan los negocios del placer. Podemos creer que la "honestidad es la mejor política" en los bancos y aun en el gobierno, pero no siempre valoramos el candor cuando agradecemos a un anfitrión o a una anfitriona una cena de que no gozamos o cuando nos encontramos con un amigo cuya pobre actuación acabamos de ver en una producción teatral de aficionados. En ocasiones sociales tales como éstas, muchos estadounidenses se sienten mucho mejor al decir algo ambiguo o simplemente un "gracias" más bien que expresar una apreciación falsa.

En México, donde no se distingue muy claramente entre el placer y los negocios, la situación es diferente. Por lo

menos, siempre hay algo que alabar, y en cualquier caso
una expresión de gracias cautelosa usualmente habla mal
del que la hace, en vez de revelar alguna verdad en su
observación.

La segunda consideración está en la distancia entre lo
que uno piensa y lo que uno dice. Cuando se valora "el
habla directa," la distancia más corta es la mejor. Para la
mayoría de los estadounidenses, las mentiras de omisión
parecen menos deshonestas que las expresadas. Pero donde
los norteamericanos al norte de la frontera pueden sentirse
seguros y honestos consigo mismos al indicar ambiguamente
"Usted no se imagina cuánto gocé de esta noche," los
mexicanos preferirían detallar su gozo supremo por tan
magnífica ocasión.

Los estadounidenses en México ya pueden bien cambiar
sus suposiciones, sus expectativas y quizás también su estilo,
si desean evitar sentirse confundidos o heridos y eludir
verse demasiado serios y antipáticos en una tierra en donde
la simpatía cuenta mucho más que la objetividad.

El psicólogo Francisco González Pineda ha escrito mucho
sobre las variaciones de la verdad. Empezando con premisas
similares a las de Samuel Ramos, especialmente viendo a la
mentira relacionada con la idealización del *pelado*, González
ve las distorciones de la verdad como necesarias para
sobrevivir sin la desmoralización completa. Dice que el
reconocimiento general de esto ha hecho de la mentira en
México casi una institución. Describe variaciones de
mentiras en las diferentes regiones de México, incluyendo
la capital, donde dice que el uso de la mentira en todas sus
formas es socialmente aceptable. Muchas de estas formas
no son comunes ni aceptables en los Estados Unidos, tales
como la mentira como agresión, por ejemplo, para hacer
una falsa amenaza, o una mentira para expresar una fantasía,
es decir, jactarse de un éxito imaginario. Los estadounidenses usan algunas mentiras defensivamente (para

hacer excusas) pero aun aquí nuestra gama de distorciones es más bien limitada. Preferimos evitar decir lo que pensamos en vez de expresar una falsedad. Si tenemos que decir algo, preferimos expresar una verdad incompleta. Confiamos en algunas expresiones convencionales que son intencionalmente ambiguas e impersonales ("eso es interesante"), con tan poco contenido emocional que ofrecen conflicto mínimo con nuestros sentimientos.

Los gerentes estadounidenses que trabajan en México se quejan de que los subordinados mexicanos están propensos a no revelarles información que es negativa, aun cuando sea importante, y presentar solamente "buenas noticias," un problema típico en las administraciones autoritarias. Sin embargo, los esfuerzos equivocados de involucrar la participación de subordinados en tomar decisiones corren otros riesgos. Si las acciones del supervisor se interpretan como ejemplos de ignorancia o debilidad, el trabajador mexicano puede ignorar otras instrucciones y consejos y decidir su propio curso de acción sin informar a su supervisor.

No es necesario estar en México mucho tiempo para escuchar a los mexicanos quejarse de esta o aquella decepción, que tan desafortunada es, y esto y aquello. Pero los mexicanos también le dirán que están a veces sorprendidos de encontrar a los norteamericanos tan ingenuos o tan limitados en sus maneras de actuar que no pueden adaptarse a la situación. Un caso en este aspecto es la clase de regateo que se hace en un tianguis, el tradicional mercado mexicano al aire libre, o en ciertas tiendas. El regateo entre vendedor y comprador da un claro ejemplo de los valores interpersonales en contraste con el sistema de precio fijo que queda perfecto con la claridad y la eficiencia que se encuentran en los valores objetivos.

El consumidor práctico y objetivo bien puede querer tratar los negocios tan pronto como sea posible. El o ella encontrará que es difícil mantener cualquier interés aparente al hablar sobre el clima o la salud u otra información aparentemente poco relacionada con la transacción de negocios.

Cuando empieza el regateo en México, la persona que paga el precio que le piden primero pasa a ser considerada más como tonto que como simplemente rico. De la misma manera, la persona que se niega a regatear debido al miedo de que el vendedor se aproveche de él parece poco amistosa así como ignorante.

El mercado mexicano es una escuela excelente para las relaciones de negocios y sociales en México. Se les aconseja bien a los estadounidenses que gocen y aprendan de sus experiencias allí. Un mexicano comentó que "el típico comerciante de caballos sureño o del oeste probablemente se siente más cómodo y es más apto en las negociaciones en México que el graduado universitario en administración de empresas del norte. El primero no sólo sabe regatear, sino que también sabe no tomarse demasiado en serio."

8

Una manera de expresarse

Un diálogo entre la sencillez y el adorno

Dentro del transcurso de unos pocos días en 1979, los líderes de dos países, Estados Unidos y Francia, hicieron visitas oficiales a México. Algunos observadores no pudieron resistir la oportunidad de comparar a estos hombres como representantes de dos culturas muy diferentes. Un escritor de un distinguido periódico de México hizo comentarios sobre las maneras en que hablaron los dos presidentes. Al Presidente Carter se le describió como consistente con los valores anglosajones de su país. El fue específico y franco, y si algunas de las realidades de las cuales habló no eran precisamente agradables, eran cuestiones verdaderas que se tenían que tratar. El presidente francés, Giscard d'Estaing, fiel a su cultura, habló de una manera que los mexicanos encontraron más familiar y más grata. Su estilo fue más grandioso, su enfoque a las cuestiones fue lo suficientemente alejado para evitar cualquier tema desagradable. El escritor advirtió que cuando todo se había dicho y hecho, y cuando los dos jefes de estado habían regresado a sus países, probablemente las cosas seguirían casi igual que antes de que ellos vinieran y hablaran. Sin embargo, añadió el escritor, el discurso del presidente francés fue por lo menos más agradable e hizo sentir mejor a los mexicanos, aunque fuese sólo por un rato.

El habla ceremonial por jefes de estado revela diferencias culturales en el estilo. Todavía más revelador son nuestros diferentes estilos de hablar en la oficina y en encuentros públicos. De tales diferencias de estilo, nosotros así como los mexicanos parecemos juzgar la personalidad y el carácter del que habla.

Desde el punto de vista norteamericano, el estilo del habla mexicano parece excesivamente emotivo y dramático. Cuando el que habla va más allá del sólido y opaco terreno de los hechos para demostrar una retórica más colorida y aun florida, los estadounidenses podrán reaccionar negativamente. La línea entre los hechos y la fantasía, las obras llevadas a cabo y las obras meramente propuestas no siempre están tan claras cuando hablan los mexicanos como cuando hablan los estadounidenses, por lo menos ésta es la opinión de muchos estadounidenses.

En los Estados Unidos nos gusta ser prácticos, eficientes y claros cuando hablamos. Nuestra línea de pensamiento debe estar recta como las calles de nuestras ciudades, nuestro adorno verbal no debe sobrepasar el que vemos en nuestros edificios modernos. Mientras que queremos ser agradables y no muy bruscos en lo que decimos, no queremos perder el tiempo con mucha plática insulsa ya sea al principio o al final de las conversaciones, y rara vez a la mitad. Asociamos mucha plática simple con una falta de seriedad de propósito y con la manera en que hablan las personas parlanchinas o superficiales. Nos sentimos más a gusto hablando de hechos, planes o asuntos que son técnicos más que personales. Tanto así, de hecho, que los mexicanos a menudo encuentran que los estadounidenses se preocupan demasiado por los detalles. Ellos preferirían unos fuertes y audaces esbozos de principios apoyados por experiencias personales verosímiles. Estos contrastes generales pueden observarse muy claramente en las negociaciones entre mexicanos y estadounidenses.

Nos aterroriza el hablar en público, y mientras que contamos con una amplia cuota de "grandes discursos" en nuestra historia nacional, "un gran orador" suena hoy anacrónico. En tanto que se trate de un "buen conversador" debemos ser extra cuidadosos: puede que ¡vaya persiguiendo algo más!

Estas actitudes no siempre nos sirven bien en México. Nuestra eficiencia parece ser muy apresurada a veces, especialmente cuando empezamos o terminamos una conversación. No siempre permitimos la oportunidad para que emerjan las personalidades así como los puntos de vista. Hay un valor especial en la charla insulsa y en hacer mucho de muy poco. Si siempre hablamos "directo," perdemos la oportunidad de alguna que otra excursión agradable en el camino.

Una imagen muy diferente de la que se percibe arriba aparece a veces en ocasiones más formales en México, cuando se les invita a hablar a los estadounidenses poco familiarizados con la cultura. Cuando palabras como "solemne" o "elocuente" pueden bien describir la retórica mexicana, el estadounidense puede sentirse y parecer a otros torpe e inseguro. Generalmente, a los estadounidenses les faltan tanto las ocasiones como el deseo requerido para hablar con "gran estilo." Hasta la palabra "elocuencia" suena a los oídos de muchos estadounidenses arrogante, insulsa, anticuada.

La atención dedicada a hablar de "negocios" y "placer" es diferente en los dos lados de la frontera. No es tan sencillo como decir que los estadounidenses están todos a favor del negocio y que los mexicanos disfrutan más de los placeres simples de la vida. Más bien, tanto el tiempo dedicado a hablar de los negocios y el placer así como la distribución de tiempo a la conversación de los mismos parecen ser diferentes. Los estadounidenses suelen minimizar el intercambio de algo placentero y entonces "pasan a los negocios"; "si el tiempo lo permite," los estadounidenses regresarán a algo más personal, asuntos no relacionados con los negocios. En cambio, su equivalente mexicano, bien puede querer pasar mucho más tiempo en conversaciones personales antes de entrar en asuntos de negocios. ¿De qué otra manera pueden dos personas conocerse el uno al otro y empezar a intuir el valor de la confianza del otro? Si se le preguntara a cada uno, al estadounidense y al mexicano, probablemente dirían que ellos mismos consideran que "lo primero es lo primero." Más importante aún, es probable que cada uno vea al otro como si tuviera las cosas al revés. El estadounidense, deseando parecer serio y profesional, puede ser percibido como impaciente y frío. El mexicano, especialmente dentro de su ambiente mexicano, desea aparecer amable, amigable y deseoso de conocer a este estadounidense como a un individuo, no a un tipo; en vez de esto, él puede impresionar al estadounidense como si le faltara seriedad de propósito o profesionalismo.

El mexicano se deleita en el juego de palabras

Los mexicanos se deleitan en el juego verbal. Los doble sentidos, las expresiones idiomáticas, los dichos o citas célebres, expresados en el momento oportuno en una conversación de otra manera ordinaria, son una parte importante de la comunicación cotidiana. Se ve gran ingeniosidad con la lengua en la cultura popular también: Cantinflas, el comediante de películas, es famoso por su plática en doble sentido que casi pasa por profundidad; un moderno club nocturno mexicano puede presentar como parte de su entretenimiento una recitación de poesía; se oyen discursos de boda muy elaborados; se ven mensajes pintados a mano en la parte de atrás de los camiones; un gracioso cantante de Veracruz improvisa la letra de una canción; se comparte "el chiste del día" en la oficina; y mucho más.

El hablar, de hecho, está mucho más cerca del arte de cantar en México que al norte de la frontera. El significado de una canción reside por lo menos tanto en la manera de expresarse como en lo que dicen las palabras y se permiten las extravagancias en emociones. En los Estados Unidos hablamos de una manera más literal, demasiado desde el punto de vista del mexicano. Esto a veces nos cohibe para decir lo que se debiera decir en un contexto social en México, y nos molesta escuchar cosas que parecen ser demasiado superficiales y que no tienen suficiente sustancia. Visto por los ojos de los mexicanos, nosotros por lo tanto carecemos de *simpatía*, lo cual es muy importante en su cultura.

En una fiesta, los hombres de ambas culturas son presentados a las esposas de otros invitados. El estadounidense dice, "Estoy contento de conocerla." El mexicano dice "Estoy encantado de conocerla." La distancia entre estar "contento" y "encantado" es una medida de la distancia entre los dos estilos culturales, una distancia que es solamente un pequeño paso para el mexicano, pero un salto difícil para muchos norteamericanos.

Las palabras pequeñas significan mucho

En el habla mexicano, como en la artesanía mexicana, los diminutivos abundan. Gran parte del mundo está hecho más pequeño, más íntimo, o más manejable por el uso de esos -*itos*, -*itas*, y otros sufijos. La palabra "chico" fácilmente se convierte en "chiquito," que es todavía más pequeño, y ésa se reduce aun más a "chiquitito." Un beso que se pide, una moneda que se solicita, o una persona amada—cada uno se transforma a través del diminutivo. No hay otro país de habla española tan enamorado de la forma diminutiva. La forma opuesta, el aumentativo, también se usa pero mucho menos. En los Estados Unidos, sin embargo, solemos hacer lo inverso. Los diminutivos se asocian con el habla de los niños, pero todos usamos palabras y frases para aumentar—es una de nuestras costumbres más grandes y ¡más tremendamente famosas! Cuando pensamos que somos sólo descriptivos ("Chicago tiene el edificio más alto y el aeropuerto más transitado del mundo"), parece que estamos presumiendo. Cuando los mexicanos disminuyen algún problema, podríamos pensar que tienen miedo de enfrentarse a la realidad tal como es.

Actitudes hacia el idioma español

Sería tan tonto ignorar la influencia de la diferencia en los idiomas, el español y el inglés, en los malentendidos al cruzar las culturas como sería el creer que los problemas de comunicación se deben primordialmente al idioma. Los mexicanos y los estadounidenses difieren bastante en sus actitudes hacia hablar otros idiomas y hacia el uso de su propia lengua en la comunicación diaria.

Acerca del idioma inglés en los Estados Unidos, se debe notar lo siguiente: (1) suponemos que todos en nuestro país hablan inglés y que la mayoría de los que no lo hablan son inmigrantes recientes que lo aprenderán pronto; (2) no sentimos ninguna identificación en particular con los hablantes de inglés en otras partes del mundo; de hecho, algunos creen que toda la gente del mundo habla inglés; (3) aun cuando hay libros populares cada año que se quejan acerca del lamentable estado de la lengua hoy en día y aunque algunas personas quedan intimidadas por los puristas y los gramáticos tradicionales, la mayoría de nosotros pensamos que "el mejor inglés" es el que comunica. En nuestras actitudes hacia la lengua así como en otras actitudes, contrastamos la estética o elegancia con la practicabilidad y nos alineamos firmemente por el lado de lo práctico.

Los estadounidenses piensan que todos los idiomas deben de ser casi iguales en su habilidad de transmitir ideas, pero que algunos tienen más prestigio que otros. El francés, y hasta el inglés con acento francés, tiene prestigio. El español y especialmente el inglés con "acento español" no lo tiene. Ningún idioma extranjero se enseña más ampliamente en nuestras escuelas que el español, y muy pocos idiomas le presentan al estadounidense tantos cognados y un alfabeto fonético tan consistente. Como resultado, hay una creencia ampliamente difundida que el español es una lengua fácil de aprender, una actitud que el recién llegado escucha inmediatamente. Comentarios como "una vez que aprenda el idioma" o "después de que domine el español en unos cuantos meses" provocan esperanzas falsas y llevan tanto a un desánimo personal como a una tendencia de fingir que uno entiende más de lo que en realidad entiende. Ningún idioma es fácil de aprender para un adulto y el español no es una excepción para los estadounidenses. Con mucho esfuerzo y la ayuda de unas clases excelentes, a precios moderados, el progreso en el aprender español puede ser una parte muy importante de la experiencia mexicana para el estadounidense.

Los mexicanos tienen un serio interés en su idoma. En parte se debe al placer del juego verbal y a la poesía, anteriormente mencionados. También se debe en parte a que se encuentra que los intelectuales y el hombre de letras tienen un lugar más prominente en México. Y también tiene algo que ver con un interés en ser digno, respetable, *decente*, algo que uno escucha en muchas conversaciones informales y que les impresiona a algunos observadores como si fuese una preocupación. Mientras que la facilidad con el español les sirve a algunos como una marca de su distancia de *los indecentes*, los cuales tienen grandes dificultades con el idioma, debe también notarse que cada año se muestra más interés en el estudio del nahuatl y de otras lenguas indígenas como parte de la búsqueda del mexicano de su pasado.

Debe ser evidente que sin ninguna capacidad en español, gran parte de la sustancia tanto como del tono en las relaciones interpersonales en México quedará perdido. Por el mismo motivo, un interés sincero y un esfuerzo para aprender el español ayudará a presentar al que lo habla como más simpático que el que de ninguna forma trata de hablarlo.

9

"¡Los estadounidenses parecen cadáveres!"

En los Estados Unidos cuando se dice que alguien está actuando de una manera muy sentimental o emocional, usualmente se quiere insinuar que la persona ha abandonado temporalmente la razón y que se está comportando con exageración con respecto a algo. A pesar de la gama de variaciones regionales y étnicas con respecto a las expresiones de los sentimientos, la tendencia estadounidense más común es que la razón debe siempre estar en control de las emociones y que la excesiva emotividad, ya sea llena de gozo o de lágrimas, es por lo general inapropiada (con la notable excepción de un evento deportivo de campeonato). Por eso, la mayoría de los estadounidenses ni se asocian con la demostración de las "pasiones" ni desean hacerlo. En vez de eso, por quinientos años el mundo de habla inglesa ha asociado el emocionalismo con los "latinos." Por estas razones, los estadounidenses bien pueden sentirse ambivalentes respecto al sentimentalismo que se encuentra en México. Su atractivo, su calor y su alegría, como en el caso de una fiesta, no se pueden negar; pero existe también un desasosiego de que la razón o el sentido común pueden perderse temporalmente.

Para alguien en los Estados Unidos el comentar sobre el emocionalismo de los mexicanos implica desaprobación si no es pura condescendencia. Pero esa misma cualidad de pasión o emoción guarda un lugar central en el panteón mexicano de valores. Estar sin pasión, en tristeza o alegría, significa ser menos completo como un ser humano. No es de sorprenderse entonces que los mexicanos los llamen a los estadounidenses "cadáveres" desprovistos de sentimientos, sin vida. Los mexicanos perciben la racionalidad del anglo como un esfuerzo para negar el impulso de su momento. "Los estadounidenses no saben disfrutar de la vida," dicen los mexicanos. "Ellos siempre están sopesando las consecuencias de esto en contra de los beneficios de aquello. Ustedes piensan demasiado."

El dar lugar a la emoción es una cuestión intercultural que puede presentar problemas en casi todas las situaciones en las que se encuentran los estadounidenses y los mexicanos: en el trabajo, en casa, en reportar un incidente trivial que ocurrió, en una boda o en un funeral. La dificultad con el idioma puede también añadir a la reticencia de uno para expresar una opinión o reírse de corazón de un chiste, sin estar seguro exactamente de lo que se ha dicho. En cualquier caso, ser precavido es con frecuencia prudente, quizás especialmente en México, pero, entre amigos y asociados esto puede interpretarse como meramente pesado o antipático.

Si uno pudiera separar lo que es español y lo que es indígena en el carácter mexicano contemporáneo, se podría decir que esta expresión de pasión es del español, o más exactamente del hombre español. Un exterior impávido, lo que Octavio Paz llama "las máscaras mexicanas" es la faz pública de las gentes indígenas. Pero aun desde el punto de vista de algunos otros latinoamericanos, las expresiones de emociones mexicanas entre la gente son grandiosas (expuestas por ejemplo por los grandes muralistas mexicanos). Un estilo de telenovela especialmente lagrimosa y melodramática se conoce a veces en Latinoamérica como *"a la mexicana."*

Una razón por la cual los estadounidenses parecemos carecer de espontaneidad y pasión es que se nos requiere razones fundadas para lo que hacemos, excusas verosímiles para lo que dejamos de hacer. La lengua estadounidense, comparativamente hablando, está llena de palabras que parecen medir, cuantificar y clasificar o poner en orden las cosas. En inglés tenemos *toneladas* de trabajo que hacer, nos sentimos *como un millón de dólares*, una fiesta es *una de las mejores* a que hemos asistido jamás, y aquí estamos en una ciudad que pronto será la ciudad *más grande* del mundo (mientras que nuestra tierra natal era solamente una ciudad de *las más grandes* de los Estados Unidos). Parece que estamos calculando y comparando constantemente cuando, de hecho, simplemente estamos usando las expresiones idiomáticas norteamericanas.

No obstante, hay que tener cuidado de no hacer tales comparaciones respecto a México. Los estadounidenses comparan tantas cosas desde la alfarería hasta la política, y con tanta frecuencia que la mayoría de los mexicanos están cansados de escucharlos. Esto puede ser especialmente verdad porque la mayoría de las comparaciones favorecen al lado estadounidense. Recuerde que en México se dice "Como México no hay dos." Los mexicanos a veces citan esta frase con un tono irónico, pero tómelo a pecho. En realidad no hay nada como México. Eso es un hecho y una advertencia.

10

Los hechos hablan por sí mismos

Sin desconocer la inmensa importancia que tiene el idioma en la comunicación, puede que sean aun más importantes todas esas maneras en que nos comunicamos sin hablar: los gestos, las expresiones de la cara, las miradas, la manera de caminar, la postura del cuerpo y la ropa. Incluso el lugar donde hablan las personas tiene una función comunicativa. Esta comunicación no verbal es importante por varias razones: (1) estamos en general inconscientes de su influencia, de tal manera que cuando hay malentendidos no verbales no podemos identificarlos fácilmente para tratar de corregirlos; (2) la comunicación no verbal no sólo apoya y amplifica lo que se dice en palabras, también puede contradecir las palabras con fuerza suficiente para cancelar el mensaje hablado; (3) la comunicación no verbal es lo que más claramente expresa los sentimientos respecto a las relaciones humanas, incluyendo sentimientos de confianza y de tranquilidad.

Aquí hay algunas cosas que conviene tener presente.

La cercanía y el contacto

Hay mucho más contacto físico entre los miembros del mismo sexo en México de lo que se acostumbra en los Estados Unidos. Los hombres se saludan con un abrazo, las mujeres pueden besarse. Los abrazos, las palmadas en la espalda y otros contactos físicos son una parte importante de la comunicación en México.

La distancia física entre personas que entablan una conversación es también más cercana de lo que se considera normal al norte de la frontera. El contacto físico más frecuente y más proximidad física a veces hacen que el estadounidense se aleje, muchas veces sin siquiera darse cuenta de lo que está haciendo. En sus esfuerzos para mantener lo que él considera como una distancia conversacional confortable, puede comunicar sin querer una distancia social y emocional. El estadounidense no familiarizado con las maneras mexicanas puede de la misma manera interpretar como un asunto de personalidad o actitud lo que es de hecho cultural: el mexicano puede parecer "insistente," muy intenso, arrogante. Las mujeres estadounidenses que tienen contacto comparable con las mujeres mexicanas a veces experimentan reacciones similares.

Los cuerpos se mueven con diferentes ritmos en los dos lados de la frontera. En los Estados Unidos tenemos la tendencia de usar el cuello y la cabeza para dar énfasis; el movimiento mexicano, como el movimiento latinoamericano en general, involucra más el tronco del cuerpo. Los maestros de danza mexicana llegan a comentar sobre esta diferencia cuando enseñan algunos pasos a los estudiantes del norte. Nuestra postura al sentarnos suele ser más relajada, lo cual se puede interpretar como falta de agudeza o falta de interés en las personas alrededor de uno.

El uso de las manos al expresarse es generalmente más

extenso en México que en los Estados Unidos. Este es el caso, no sólo al ilustrar o poner énfasis en lo que está diciendo la persona sino también en el repertorio general de gestos de las manos. No pocos de los usados por los hombres están cargados de insinuaciones sexuales. A pesar de que hay algunos gestos que tienen un significado en los Estados Unidos y otra cosa diferente en México (por ejemplo, nuestra posición de la mano para indicar la altura de una persona se usaría en México solamente para indicar la altura de un animal), esto en sí no parece ser una área en la cual ocurran serios malentendidos interculturales.

La ropa

La ropa, las joyas, el peinado y otras cosas similares tienen un significado social en todas partes, pero posiblemente mucho más en México con su gran diversidad étnica. Los estilos del vestir pueden primero comunicar los antecedentes de la región de una persona o su etnicidad. Solamente entre los sombreros, la diversidad es maravillosa, como lo puede mostrar inmediatamente una visita a la sombrerería. Ya que las distinciones del estatus son importantes en México, los mexicanos de la clase alta le dan atención considerable a la ropa fina, la joyería cara, los peinados elaborados. En México, la subcorriente de preocupación por ser respetable, *decente*, lo cual se revela en la conversación, también se muestra en el vestuario. Los estadounidenses que vayan a vivir y trabajar en la Ciudad de México deben darse cuenta de que las normas de llevar ropa son más conservadoras y con más influencia europea que en los Estados Unidos. La ropa informal está bien para los lugares turísticos como Acapulco, pero está fuera de lugar en un ambiente de negocios en la sofisticada capital de México de la misma manera que sería un saco y una corbata en la playas de Acapulco.

Los contextos

Como ha expuesto Edward T. Hall en su libro *Beyond Culture* (*Más allá de la cultura*), hay diferencias en la importancia que ponen las culturas en las palabras para transmitir información. Algunas culturas incluyendo los de las Estados Unidos, Inglaterra y el norte de Europa, dan gran importancia a las palabras. Los que fuimos criados en estas culturas nos sentimos inseguros a no ser que los sentimientos y las ideas se expresen con palabras; nuestros contratos generalmente son muy elaborados y específicos. Creemos que las ideas deben ser evaluadas por su propio mérito, es decir en sus propias palabras, no a base de quién dijo las palabras, dónde o cuándo. Según Hall, le damos relativamente poca atención al contexto de la comunicación y muchísima atención a las palabras.

México es una cultura donde el "contexto" juega un papel mucho más importante. Vimos esto en la sección sobre las clases de "verdades" y la noción de "valores interpersonales." Además, los lugares tienen significado o añaden una interpretación, como por ejemplo, un hombre y una mujer que están a solas en un cuarto. Quién dice algo, cómo se lo dice, la confianza no hablada—estos asuntos son de extrema importancia en México y no deben ser ignorados en un esfuerzo para entender las palabras que se están intercambiando.

11

El tiempo

Si una cultura se conoce por las palabras exportadas, como afirma una teoría, entonces México puede ser mejor conocido como la tierra del *mañana*. Las diferencias en el concepto del tiempo quizás no sean la base de los peores malentendidos entre las personas de las dos culturas, pero son seguramente las que se mencionan con más frecuencia. Se pueden agrupar varias cuestiones dentro del tema general del "tiempo."

La perspectiva histórica

Para empezar, las dos sociedades difieren en su sentido de la historia. La mayor parte de los estadounidenses piensan que su historia abarca unos 350 años, siendo el Día de Acción de Gracias y el Cuatro de Julio casi los únicos días festivos nacionales en las cuales se nos requiere recordar el pasado. La historia mexicana es mucho más antigua. En el magnífico Museo Nacional de Antropología en la Ciudad de México, se puede caminar a través de tres mil años de historia. Las tradiciones mexicanas, incluyendo el uso de ciertos utensilios diarios, datan de los tiempos precolombinos. Es más, la educación en México, en contraste con la educación estadounidense, otorga más atención a la Historia Occidental y a los Clásicos, por lo tanto crea una perspectiva histórica bastante diferente de la que se mantiene en los Estados Unidos. En una ocasión el autor adquirió dos libros, uno sobre administración, el otro sobre psicología mexicana, ambos escritos y publicados en México. Uno de los libros empezó su exposición con el Antiguo Testamento, el otro con la Grecia Clásica.

El pasado, el presente y el futuro

Alguien dijo de los estadounidenses, "Siempre en nuestro pasado ha estado presente el futuro." Es verdad: los estadounidenses estamos muy orientados hacia el futuro. Planificamos cuidadosamente para el futuro; ponemos a prueba el significado de la experiencia presente por lo que vaya a significar en el futuro; hasta saludamos a la gente con "He estado anticipando conocerte." Mirar siempre hacia el futuro corresponde con nuestros conceptos de optimismo, de modernidad, y de progreso.

Algunos mexicanos dicen que los estadounidenses nos interesamos tanto en el futuro que no podemos disfrutar del presente. La gente en los Estados Unidos dice que los mexicanos están tan involucrados con su presente que se olvidan de planear para el futuro. Nuestras orientaciones en las dos culturas hacia el pasado, el presente y el futuro son muy diferentes, y cada cultura juzga a la otra basándose en su propia orientación.

Los críticos de la administración en las empresas mexicanas se quejan de que hay una falta de planificación de negocios a largo plazo, con el resultado de que algunas compañías mexicanas buscan lucros excesivos dentro de un corto plazo de tiempo con un mínimo de esfuerzo. Las ganancias, sin embargo, siguen siendo menos de lo que pudieran ser con mejor planificación y con una manera más sistemática de tomar decisiones, ya que eso requiere un panorama a más largo alcance. El darse cuenta de que existen estas diferencias puede ayudarnos a alterar nuestras expectativas de lo que pudiese ocurrir y nuestras interpretaciones de lo que sucede.

Por supuesto, no es muy útil criticar a los mexicanos por no pensar como los estadounidenses, pero esto es lo que frecuentemente sucede cuando pensamos que estamos hablando acerca de la "planificación" o del "tiempo." Para tener una mejor perspectiva, en los países donde la atención que se da a la organización es aun más meticulosa y más orientada al futuro, se critica a menudo a los estadounidenses por falta de planificación y por tener una visión de muy corto alcance.

Tiempo-M y Tiempo-P

En la influyente literatura de Edward T. Hall respecto al tiempo a través de las culturas, él ha distinguido dos clases de tiempo: "monocrónico" (tiempo-M) y "policrónico" (Tiempo-P). Estos corresponden a los estilos que prefieren los estadounidenses y los mexicanos respectivamente. El tiempo-M valora que se dedique a una acción a la vez. El tiempo es lineal, no segmentado.

No es que el tiempo sea necesariamente dinero (*time is money*), pero el tiempo-M lo considera así, con una precisión bien calculada. A las personas del tiempo-M les gusta la programación impecable de sus compromisos y son fácilmente distraídos y a menudo muy angustiados por las interrupciones.

El fútbol americano es un juego muy característica del "tiempo-M." El entrenador hace lo que quiere y ordena las jugadas. El reloj puede ser parado por cualquiera de las dos partes para beneficio estratégico. Los jugadores entran y salen según el juego escogido, y si hay alguna violación de quién es elegible o no, ésta se identificará. Desde un punto de vista latino todo parece impersonal, calculado y contrario al flujo de la interacción. Compare todo esto con lo que es conocido por casi todo el mundo como el fútbol o lo que en los Estados Unidos se llama *soccer*. Este es un deporte muy característico del tiempo-P, con un flujo continuo de acciones y reacciones constantes, en vez de segmentos de acción planeada jugada a jugada como en el fútbol norteamericano.

En contraste, el tiempo-P se caracteriza por las muchas cosas que pasan al mismo tiempo, y con una noción mucho más imprecisa de lo que es "a tiempo" o "tarde." Las interrupciones son rutinarias, las tardanzas son aceptadas. Por lo tanto no es que se aprecia dejar las cosas para mañana, como lo consideran algunos estereotipos del mexicano, sino que no se supone ni se espera que las actividades humanas procedan a la marcha de un reloj. Este escritor descubrió que aun en Japón, en una cultura no conocida por su imprecisión o indolencia, las personas de negocios de los Estados Unidos les parecían a sus colegas japoneses como demasiado amarradas al tiempo, manejadas por sus horarios y fechas límites lo cual a su vez bloqueaba un desarrollo fácil de las relaciones humanas. Muchos europeos occidentales, en cambio, están aun más conscientes del tiempo que los estadounidenses.

Los estadounidenses expresan una exasperación o molestia especial cuando parece que los mexicanos les dan algo menos que su atención completa. Cuando una joven cajera se lima las uñas y habla por teléfono con su novio mientras espera la aprobación de su superior para poder cambiar un cheque, los norteamericanos se ponen muy molestos.

No es fácil adaptarse a estas diferencias. Si es que le

ayuda, trate de recordar que la pauta mexicana tiene sus complementos en otras culturas en cinco continentes. Las expectativas estadounidenses, vistas en una perspectiva global, están en la minoría.

Al ajustar el reloj

Los residentes recién llegados a México aprenden rápidamente a ajustar sus relojes mentales a la hora mexicana cuando se trata de anticipar la llegada de los huéspedes mexicanos a una fiesta. Con una invitación para las 8:00 P.M., los invitados pueden llegar para las 9:00 o las 10:00 P.M. Lo que parece requerir más ajuste es la noción de que las visitas pueden ir a otra fiesta y después a otra todavía más tarde. Para muchos estadounidenses esto le resta importancia a su propia fiesta, un tanto como la acción de la cajera que le quita el respeto que se le debería mostrar al cliente. La contraparte de esto, el fastidio del mexicano con el sentido del tiempo de los norteamericanos, se manifiesta en su consternación cuando una invitación a una fiesta indica por anticipado la hora en que la fiesta acabará. Estas u otras indicaciones más sutiles respecto a la hora para terminar una reunión antes de que se haya puesto en marcha sirven como una muestra más de que los estadounidenses son esclavos del reloj y que no saben disfrutar de la vida.

Durante las últimas dos o tres décadas, el tiempo y el concepto del tiempo en la Ciudad de México han sufrido unos cambios mayores. El aumento de la mecanización en tales formas como es el moderno transporte subterráneo del Metro o la proliferación de aparatos de televisión y radios de transistores, ha forzado cambios en la programación de algunos eventos. (Anteriormente se acostumbraba decir que la corrida de toros era el único evento que empezaba puntualmente.) El enorme crecimiento en la población tanto de personas como de automóviles en la capital ha significado también que algunas tradiciones, como la del agradable descanso al mediodía para comer y relajarse en la casa, hayan desaparecido. Estos cambios también están ocurriendo en otras ciudades grandes.

12

Las preocupaciones
especiales de los gerentes

La buena administración significa la buena comunicación; por consiguiente todo lo presentado hasta ahora debe ser cuidadosamente considerado por aquel gerente que estará trabajando en México. Sin embargo, hay otras consideraciones de especial importancia para los gerentes. Aquí tenemos una media docena:

"La mordida"

Los gerentes que llegan a México sin saber español, pronto aprenden la palabra *mordida*, literalmente tal pero alternativamente conocida como "la paga," "servicios extra-oficiales," o simplemente "el soborno." Por seguro, México no es el único país en que la "mordida" puede ser requerida en el curso normal de hacer negocios, y los gerentes que han trabajado en cualquier lugar de Latinoamérica o en otras partes del mundo, no deben sorprenderse demasiado cuando la encuentran en México. Sin embargo, si uno no está preparado para aceptar esta

73

realidad, o si uno llega a México atado a una estricta política de la compañía que toma en serio la prohibición de cualquier cosa que parezca "irregular" de acuerdo a la ética comercial contemporánea de los Estados Unidos, el gerente tendrá que afrontar algunas decisiones difíciles tanto personales como organizacionales.

Un comerciante norteamericano de mucha experiencia reporta que tuvo una reunión con unos amigos y un sacerdote católico, para hablar de su dilema al tratar de ser buenos hombres de negocios y al mismo tiempo buenos católicos. El sacerdote les pidió que consideraran las realidades de los sueldos mexicanos y el costo de la vida antes de equiparar la práctica de la "mordida" con el pecado. Aunque se quiera o no considerar la "mordida" en términos éticos o morales, el representante de los Estados Unidos debe tener instrucciones claras de sus superiores sobre este asunto antes de llegar a México.

No por completo

Una preciosa caja esmaltada que obviamente fue producto de muchas horas de trabajo y de habilidad impresionante se sostiene precariamente unida con las más endebles bisagras de metal. Un magnífico edificio universitario de diseño futurista con murales audaces pintados por un maestro pronto se ve cursi; sus ventanas sin lavar, la pintura empezando a pelarse y las obras de cemento mostrando el vencimiento de los soportes demasiado débiles para sostener el peso. Un proyecto ambicioso se planea y se anuncia con gran fanfarria, pero luego no se lleva a cabo por la falta de atención a unos cuantos detalles relativamente insignificantes. Muchísimos ejemplos parecidos a éstos podrían ser citados por gerentes estadounidenses que encuentran en México una tendencia hacia lo incompleto que es de lo más frustrante. El gerente estadounidense puede suponer que una vez que algo ha sido planeado y empezado se hará todo lo debido para completar y mantener el proyecto. Sin embargo, esa suposición es frecuentemente incorrecta. Hay que dar una atención relativamente mayor a las etapas finales y al mantenimiento de lo que el caso requeriría en los Estados Unidos.

Sentido de organización

Dos gerentes de corporaciones multinacionales, uno de México y el otro de los Estados Unidos, estaban hablando de la forma en que podrían combinar sus esfuerzos para ser lo más efectivos posible. Uno dijo, "Con su sentido mexicano de las relaciones personales dentro y fuera del trabajo, y con nuestro sentido norteamericano de organización ¿cómo podemos fallar?" A lo que su amigo mexicano respondió con una carcajada profunda, "¡Pero, imagínese si nosotros tuviéramos su sentido de relaciones personales con nuestro sentido mexicano de organización!"

Muchos gerentes estadounidenses en México creen que su compatriota tenía una buena idea al tratar constantemente de realzar las mejores características de la organización estadounidense moderna sin imponer la clase de política impersonal de "primero la compañía" que disgusta tanto a los mexicanos. Aunque también se encuentra en Estados Unidos la hostilidad hacia una política empresarial que pisotea a los seres humanos en la búsqueda de ganancias, el caso mexicano es diferente. Porque además de las diferencias en valores culturales anteriormente mencionadas, hay también la diferencia nacional—la sospecha de que el gerente "yanqui" será indiferente a los casos particulares por el simple hecho de que no es un latino.

Un gerente de Chicago dijo, "A un buen gerente le gusta pensar que él es pragmático. En México aprende que las excepciones a la regla—de políticas o procedimientos habituales—pueden ser tan necesarias por razones personales como estrictamente prácticas. Así, tiene que aprender a ser suficientemente flexible, a veces modificando las reglas para llevar a cabo las cosas. Pero también tiene que saber que hacer excepciones no es siempre necesario o práctico. Es realmente un arte, y para practicarla bien tiene usted que conocer a su gente."

"Conocer a su gente" es también un arte para los trabajadores mexicanos. Algunos dicen que los mexicanos le prestan a esto demasiada atención. Ellos pueden estar demasiado conscientes de trabajar para esta o aquella persona en lugar de desempeñar tal o cual trabajo. Este es otro ejemplo del *individualismo*. Sin embargo, en la cultura mexicana la supervivencia siempre ha dependido más de saber tratar a personas específicas que de acomodarse adecuadamente en una organización que funciona a la perfección.

Las relaciones laborales

Los trabajadores mexicanos están protegidos por una de las más rigurosas legislaciones laborales del mundo, y el gerente que desconoce las leyes tendrá problemas, por más experimentado y bien intencionado que sea. El desconocimiento de la ley no es una excusa. Una ley laboral, por ejemplo, concede a los trabajadores protección total en el trabajo; después de un período de prueba de treinta días se les considera virtualmente empleados permanentes de la planta. Los despidos requieren del patrón el especificar razones y pueden acarrear sanciones muy severas si no son propiamente efectuados. Uno debe contar con un abogado calificado que pueda dar consejos en todas las relaciones laborales.

El bilingüismo

Un buen gerente sabe delegar responsabilidad. Pero cuando uno está trabajando en un país con la habilidad limitada en el idioma de ese país, el tema de delegar responsabilidades llega a ser más complicado y más importante. Ya hemos hecho comentario sobre el estilo y el uso del idioma en México, pero aquí debemos poner énfasis en la importancia de (1) saber sus propias limitaciones en el idioma cuando se trata de asuntos legales y financieros difíciles; (2) encontrar el equivalente mexicano con quién uno pueda trabajar con tranquilidad y confianza. Los estadounidenses, por razones previamente mencionadas, tratan a veces el lenguaje meramente como instrumento o medio de expresión. Por consiguiente, ellos consideran que todos los "hablantes nativos" tienen la misma habilidad, aun cuando se reconoce que los hablantes nativos del inglés se diferencian en su nivel de habilidad en la lengua. De manera similar, hay compañías estadounidenses que colocan a personas de Cuba, Puerto Rico u otra nación latinoamericana en puestos de supervisión en México con muy poca consideración de las dificultades que resultarán por las diferencias históricas o culturales. (Esto no quiere decir que solamente los equivalentes mexicanos pueden ser efectivos, pero requiere mayor consideración.)

Mientras se siga con la práctica actual de selección y rotación de estadounidenses en México, con temporadas limitadas en México de solamente dos o tres años cada vez, la necesidad de confiar en equivalentes mexicanos y ser capaces de trabajar bien con tales continuará siendo sumamente importante para la mayoría de los estadounidenses.

Del tiempo y del espacio

Los estadounidenses pueden ver un mapa del hemisferio occidental de manera diferente a la forma en que lo ven sus vecinos mexicanos. Problablemente veremos que los Estados Unidos y México son parte de la misma masa de tierra, compartiendo zonas de horarios, y con la Ciudad de México no más lejos de Los Angeles o Chicago que cualquiera de estas últimas entre sí. El resto de Latinoamérica está más distante hacia el sur y, como nos recuerda una segunda ojeada al mapa, también está más distante hacia el este.

Dada esa imagen, las personas recién llegadas a México se disgustan a menudo porque los artículos que vienen de los Estados Unidos, particularmente la maquinaria o materiales necesarios para la producción, tardan mucho tiempo en pasar por la frontera, a través de aduanas y hasta su destino final. Casi toda acción lleva más tiempo en México de lo que estamos acostumbrados en los Estados Unidos, incluyendo las felicitaciones personales, las despedidas y otras cosas, las cuales tienden a ser muy breves entre los estadounidenses. Así también es el transporte internacional. Haga sus planes adecuadamente, descanse o relájese apropiadamente y *don't worry*—no se complique la vida con impaciencia.

Aunque los Estados Unidos parezcan tan cercanos a México y la mayor parte del resto de Latinoamérica parezca tan lejana, recuerde que existe un sentimiento de mayor cercanía entre México y sus vecinos latinos que entre México y los Estados Unidos. Por lo tanto, si hay algún problema político que involucre al gobierno de los Estados Unidos o a una gran corporación estadounidense en cualquier parte de Latinoamérica, sus ramificaciones pueden sentirse en México mucho más de lo que nos damos cuenta en los Estados Unidos.

13

Conclusión

Si observamos el futuro de las relaciones entre los Estados Unidos y México, ¿qué podemos vislumbrar y qué podemos esperar? Que nuestro contacto mutuo en cada nivel y en todo sector se incrementará, tanto en frecuencia como en significado, parece ser cierto. Ya sea que estos encuentros estén caracterizados generalmente por muchas de las mismas tensiones y malentendidos que hayan existido en el pasado, o ya sea que exista alguna esperanza para algo más positivo, todo va a depender de varios factores.

Las imágenes de nosotros mismos y del otro jugarán un papel importante en nuestras relaciones. Por muchos años, los mexicanos se han referido a los Estados Unidos como al "coloso del norte," cuya enormidad en riqueza y poder se manifiesta en toda clase de relación. Las prácticas estadounidenses en el gobierno y los negocios han reforzado constantemente esa imagen. Ahora, sin embargo, puede ser que vislumbremos un cambio. La población de México está aumentando a un ritmo que es notable en la escala mundial, mientras que el crecimiento de la población en los Estados Unidos se ha detenido. Por término medio, el mexicano es joven, y se habla de México como una nación juvenil. La edad promedio del estadounidense sube cada año.

Aun más, el potencial de la industria petrolera mexicana ha afectado cómo los estadounidenses consideran a México y cómo los mexicanos se ven a sí mismos. Por estas y muchas otras razones, un miembro norteamericano de la Comisión de Fronteras se ha referido a México, no sin ironía, como al "coloso del sur."

Los eventos políticos y económicos continuarán jugando un papel importante en una evaluación de nuestras relaciones en el futuro. Los asuntos que pueden parecer remotos para la mayoría de los estadounidenses, tales como la decisión de quién será el embajador estadounidense en México, las políticas de inmigración, y el papel de los Estados Unidos en otras partes de Latinoamérica no pasan desapercibidas en México. Cualquier acción, favorable o no, puede influenciar los sentimientos de confianza y amistad en las relaciones entre la gente de estas dos sociedades. Estamos viendo ahora que los hispanos dentro de los Estados Unidos juegan un papel mucho más grande de que lo habían hecho anteriormente. La respuesta anglo a este fenómeno será observada muy cuidadosamente por nuestros vecinos del sur.

En el desarrollo de todo esto vamos a necesitar aún mucha más información, no sólo sobre las culturas de México y los Estados Unidos individualmente, sino también sobre los encuentros interculturales entre los dos países. Aquí es donde nos encontramos bastante atrasados dentro de lo que permite la tecnología y lo que requieren las realidades actuales. El aumento de la población mexicano-americana dentro de los Estados Unidos podría hacer mucho para provocar algunas clases de estudios que pudieran ser útiles para el entendimiento mutuo a través de la frontera. Esto es especialmente importante para los estadounidenses, quienes, en conjunto, conocen a México más como turistas que como personas que han estudiado o trabajado en México por un período de tiempo. Actualmente, es lo más probable que el gerente mexicano esté mucho más informado de la manera de actuar de los estadounidenses que un gerente norteamericano sobre los mexicanos.

Un hombre de negocios estadounidense con muchos años de experiencia en México se quejaba, "Las nuevas personas que están llegando a México siguen haciendo los mismos errores que nosotros hicimos hace veinte años cuando llegamos por primera vez a este país. ¿Por qué no podemos aprender de nuestras experiencias en relaciones humanas de la misma manera que esperamos hacerlo en otros aspectos de nuestras operaciones? Debe existir una mejor manera."

Un amigo mexicano dio una nota más optimista. "Las cosas como aprender a llevarse bien el uno con el otro toman tiempo," dijo, "y afortunadamente el tiempo es uno de los recursos que México siempre ha tenido en demasía en contraste con lo que tienen ustedes en los Estados Unidos. Hemos tenido nuestros problemas en el pasado y no cabe duda que los tendremos en el futuro. Sin embargo, quizás tendremos menos problemas si usamos algo de este tiempo para tratar de entendernos realmente el uno al otro ahora mismo. En México, mi amigo, *ahora* es siempre el mejor momento."

14

Algunos Consejos Prácticos

Cualquiera que sea su motivo de viajar a México, usted aprenderá, disfrutará y contribuirá más si está constantemente alerta a las diferencias culturales anteriormente descritas, y si recuerda hacer lo siguiente:

Encuentre su antídoto para el choque cultural

Una de las manifestaciones más características del "choque cultural" es el encerrarse dentro de su propio mundo, ya sea evitando el contacto con otros o a través de una de las rutas familiares de escape tales como el dormir excesivamente o el abuso del alcohol. Una manera excelente de contrarrestar semejantes inclinaciones y llegar también a comprender mejor a México es por medio de la búsqueda activa de algún interés especial. La historia, el arte, las artesanías, el servicio como voluntario, la enseñanza del inglés, la arquitectura, el estudio de la lengua…la lista de posibles intereses que pueden perseguirse con gusto en México—y en buena compañía—es casi ilimitada.

Explore la cultura popular

Entérese de quiénes son los actores populares, las actrices, los cantantes, los toreros, y otros en el México de hoy. A veces, se puede hacer mejor tarareando una canción popular mexicana o comentando los chismes del mundo del espectáculo mexicano en lugar de recitar las estadísticas de la producción de petróleo. Lo que es más, sus "investigaciones" le ayudarán a encontrar el México "real y verdadero" de los chistes y modismos y algunos de los estados de ánimo del país. También mantenga sus oídos atentos a los chistes políticos, a los cuales los mexicanos son muy afectos y adeptos. Sea diplomático al demostrar su entendimiento, pero no deje de aprender a apreciar sus chistes.

Ponga atención a los pequeños detalles que significan mucho

Como sucede con los enamorados, es así también para las personas de diferentes culturas. Los gestos adicionales de consideración y cuidado, la predisposición de tomar el tiempo de charlar amigablemente al saludar o al despedirse, sí cuentan. Y en México, dichos detalles cuentan mucho más de lo que usualmente es el caso en los Estados Unidos.

Cuide su salud y no lo ande diciendo

Las enfermedades intestinales se conocen por muchos nombres—El Paso Doble Azteca, la Venganza de Moctezuma, o simplemente "los trotes"—pero la incomodidad es la misma y nada divertida en el momento. Tres reglas cardinales: (1) Tome las precauciones razonables en su casa y en la calle para los alimentos que coma y su preparación; (2) No se vuelva neurótico respecto a la regla número uno: el temor de caer enfermo probablemente causa más enfermedades que las mismas bacterias en los que se basa semejante miedo; y (3) No se queje con sus amigos mexicanos—como hizo el Presidente Carter—acerca de sus temores o problemas.

La buena noticia es que la comida mexicana puede ser tan elaborada como cualquier platillo de la cocina francesa (en realidad, la comida mexicana ha sido sumamente influenciada por la cocina francesa, más obviamente en la repostería, la cual fue desarrollada por los franceses) o muy sencilla, aterradoramente picante (usualmente las salsas) o sumamente baja de sazón y refrescante. La auténtica comida mexicana casi no se parece en nada a la que ofrecen los restaurantes de comida rápida mexicana en los Estados Unidos.

¡Vístase apropiadamente!

La Ciudad de México es más formal en el vestir que la mayoría de las grandes ciudades de los Estados Unidos. Piense en ello cuando esté planeando la ropa que llevará a México. También, sea realista respecto al clima. A una altitud de una milla y media, la Ciudad de México tiene muchas mañanas congelantes de invierno, y las noches pueden ser muy frías. También, preste atención a llevar ropa impermeable. Las lluvias de otoño, aunque breves, pueden ser impresionantes.

Se puede comprar ropa de calidad en México, incluyendo la ropa hecha a la medida y también la ropa lista para ponerse, aunque muchas personas encuentran que la ropa lista para ponerse no les queda bien. La ropa, como la mayoría de otros envíos a México de los Estados Unidos, puede que no llegue siempre en la forma esperada. (Esa corbata de poliester arrugada que su querida tía no mandó, podía ser probablemente el resultado de un intercambio por un inspector de aduana con la que realmente ella había enviado.) Los derechos aduaneros de lo que llegue pueden ser altos. Haga sus planes por anticipado.

Diga "¡Ah!"

Cuando los estadounidenses, aeh, no saben qué, aeh, decir, ellos, aeh, usan el sonido más frecuente del idioma inglés. El sonido "aeh" como en las palabras inglesas *the* y *a*, es el sonido que se produce para la mayoría de las vocales no acentuadas en inglés. Los lingüistas nombran a dicho sonido la "schwa." Pero, tan común como es el "aeh" en inglés, en español es un sonido que *nunca* aparece, excepto cuando se habla con un acento gringo.

El ser cuidadoso al decir "tor-teé-yah" y no "tor-tee-yaeh" no garantiza el ganarse más amigos o influencias con la gente en México, pero puede lograr mucho más de lo que el estadounidense puede imaginar.

Conozca el origen de la palabra "gringo"

Existe un folklore considerable acerca del origen de la palabra "gringo," en lo que se refiere a "yanqui." Cuando se usan como términos informales o de "jerga," pueden expresar familiaridad o menosprecio, o algo entre estos dos significados. Ambas palabras deberán usarse con cierta precaución y de alguna manera con más buen humor. Las palabras "México," o "mexicano/a" no ofrecen problema especial alguno, aunque es más probable que "México" signifique la ciudad y no el país, así que fíjese en el contexto.

Recuerde que "los indios" son mexicanos

Los visitantes de México frecuentemente se confunden por las distinciones entre "indios," "mestizos," y "mexicanos."

Tenga presente que tales distinciones están basadas en la cultura, no en la biología.

Una persona usualmente es clasificada como "indio" en virtud del lenguaje, del vestuario, o de otras costumbres, no por las características físicas que probablemente buscarían los norteamericanos. Inclusive los empadronadores del censo distinguen a los indios basándose en actitudes tales como andar descalzos en lugar de usar zapatos, o comer con las manos en lugar de usar cubiertos.

Desde la época de la Revolución Mexicana, los indios han sido enaltecidos en las artes, la literatura, y simbólicamente, al menos, en la política. Las divisiones culturales permanecen, sin embargo, entre la vida rural y urbana y entre los estilos de vida tradicionales y contemporáneos.

En cualquier caso, las personas de México son mexicanos primero y antes que nada, por lo menos en relación con los estadounidenses. Sin embargo, las identificaciones y lealtades regionales son a menudo las bases del orgullo y la identificación. Los nombres de familia y las apariencias físicas se identifican con una región, por lo menos tanto como lo hacen el dialecto, las comidas, y otras características, tal como ocurre en los Estados Unidos y en otros países del mundo.

Recuerde que los mexicanos son americanos también

Dado el hecho de que existen tres Américas, América del Norte, América Central, y América del Sur, y también, según algunos, una Meso-América de la que México es la mayor parte, ¿Por qué es que las palabras "América" y "americano" se usan solamente para referirse a los Estados Unidos de Norteamérica? Algunos mexicanos se oponen a semejante monopolio semántico, mientras que otros le

88

prestan poca atención. Sin embargo, usted resultará más diplomático y más sensible si se refiere a sí mismo como a un "norteamericano/a" ("North American"). Y aunque el ser más específico con una palabra como "United Statesan" no existe en el idioma inglés, el equivalente "estadounidense" se encuentra en los periódicos mexicanos. El español también tiene la conveniencia de repetir las letras en las abreviaturas escritas de plurales, y así "EE. UU." significa "U.S.," lo que es muy practico cuando se escriben cartas a los Estados Unidos.

Con respecto a "aquella" revolución

Tal vez porque en los Estados Unidos la guerra de independencia de Inglaterra se conoce como la Guerra Revolucionaria (*the Revolutionary War*), algunos estadounidenses que no conocen la historia mexicana confunden la Revolución Mexicana con el período cuando México se independizó de España, lo cual sucedió un siglo antes. Un malentendido tan fundamental puede, en las conversaciones sociales, comunicar más que la ignorancia de los hechos.

México se separó de España en 1810. El héroe que lanzó "el grito" (de la independencia) fue un sacerdote católico, el padre Miguel Hidalgo. En las décadas que siguieron, otros poderes trataron de aprovecharse de la nueva nación independiente. En 1847, en conflictos con los Estados Unidos, México perdió casi la mitad de su territorio— incluyendo todas las ciudades y los estados del oeste de los Estados Unidos que llevan nombres españoles. Las batallas de aquella época se recuerdan de una manera diferente en los Estados Unidos, incluyendo el grito de "Recuerde el Alamo," y, como se mencionó anteriormente, la referencia a los "Vestíbulos de Moctezuma" en el Himno de la Marina.

La Revolución Mexicana, en cambio, fue una guerra civil con el propósito de poner fin a muchos años de opresión que el pueblo mexicano había sufrido a manos del gobierno, los ricos, y la poderosa iglesia católica. Empezando en 1910 y continuado por casi una década, fue la primera revolución verdadera del siglo XX, con millones de personas que perdieron la vida o huyeron del país, y con un trastorno social tremendo. Desde entonces, los símbolos de la Revolución han servido al partido político dominante, el PRI (Partido Revolucionario Institucional), y se han expresado en los murales de los pintores mexicanos más famosos de la época. La Revolución ha servido de trasfondo para un número incalculable de novelas y películas—y es un motivo de orgullo nacional en la historia mexicana.

¡Lea!

Los estadounidenses en México frecuentemente hacen caso omiso de unos de los materiales más útiles de lectura porque se limitan ya sea a publicaciones estadounidenses o a publicaciones dirigidas a los expatriados y los turistas en México.

En años recientes, muchas novelas mexicanas, libros de ensayos y colecciones de poesía se han traducido al inglés. La lectura de algunas de estas obras ofrece al lector visiones de varios aspectos de la cultura y a veces aun más importante, permite a los estadounidenses el conversar con sus amigos mexicanos sobre los méritos y el futuro del escritor mexicano.

Lecturas recomendadas

Guillermo Bonfil Batalla, *México Profundo: Reclaiming a Civilization*. (Austin TX: Univesity of Texas Press, 1966). Para este distinguido antropólogo mexicano, la fundación de la cultura mexicana y la perspectiva universal se encuentran entre las comunidades rurales mestizas "desindianizadas" y sus equivalentes urbanos. Bonfil presenta una ponencia elocuente de la riqueza y la fuerza de la cultura indígena que tan frecuentemente es obscurecido por un México imaginario, visto por los otros.

Rogelio Díaz-Guerrero, *Estudios de psicología del mexicano*. (México, D. F.: Antigua Librería Robredo, 1961; traducido como *Studies in the Psychology of the Mexican*). Un atractivo libro lleno de perspicacia, escrito por el jefe del Departamento de Psicología de la Universidad Nacional Autónoma de México (UNAM). Los tópicos incluyen las motivaciones del trabajador mexicano y la presentación original del autor sobre "las realidades interpersonales" del mexicano.

Carlos Fuentes, A *New Time for Mexico*. (New York: Farrar, Straus y Giroux, 1996). Es muy difícil escoger un solo libro de la voluminosa obra de Carlos Fuentes, probablemente el novelista, crítico, e intérprete de relaciones mexicanas-estadounidenses más conocido de México. Educado en los Estados Unidos y México, Fuentes percibe cada país en maneras diferentes de las perspectivas de otros escritores de cualquiera de los dos países. Ha enseñado en Harvard, Yale, y universidades de renombre en Latinoamérica y Europa; ha servido como embajador en Francia, ha escrito teledramas, ha sido invitado frecuentemente a participar en programas de televisión, y ha sido el tema de muchos artículos en periódicos y revistas. *A New Time for Mexico (Nuevos tiempos para Mexico)* trata de las tendencias y los eventos políticos, sociales, y económicos de hoy, tanto como los esfuerzos de México de enfrentarse con ellos. En este libro, tal como en su obra monumental *The Buried Mirror, o El espejo enterrado* (libro y video), Fuentes es sobresaliente en su habilidad de mostrar las conecciones entre las muchas raíces del pasado de México y la realidad de hoy. También se recomienda cualquiera de sus novelas, casi tan populares fuera de México como dentro del país. Estas incluyen *La región mas transparente (Where the Air Is Clear)*, *La muerte de Artemio Cruz*, y *Gringo Viejo*.

Edward T. Hall, *Beyond Culture*. (New York: Doubleday, 1976). Por sus perspectivas innovadoras de la cultura y la comunicación, el antropólogo Hall es ampliamente reconocido como el fundador del campo de investigación de la comunicación intercultural. De todas sus obras, *Beyond Culture (Más allá de la cultura)* puede considerarse como la mejor introducción y servir de filosofía a la comprensión intercultural como también de fuente de unos principios muy prácticos para comprender mejor la comunicación entre los Estados Unidos y México.

Patrick Oster, *The Mexicans: A Personal Portrait of a People.* (*Los mexicanos: Un retrato personal de la gente.*) **(New York: Harper and Row, 1989).** Un periodista que reside en la Ciudad de México, Oster ofrece aquí unas vislumbres del México contemporáneo por medio de una serie de breves retratos de individuos mexicanos de todos los oficios y de todas las profesiones—un campesino, un político, un pastor evangelista, un policía, y muchos más. Los retratos de Oster ayudan al lector a apreciar la variedad y la complejidad de la gente y de las relaciones interpersonales en el México de hoy, contribuyendo así a eliminar la imagen o el estereotipo monolítico de lo que es "el mexicano."

Robert Pastor y Jorge G. Castaneda, *Limits to Friendship: The United States and Mexico.* (*Límites a la amistad: Los Estados Unidos y México.*) **(New York: Afred Knopf, 1988).** Estos dos prominentes expertos en las ciencias políticas, uno de los Estados Unidos y el otro de México, ofrecen sus interpretaciones de las relaciones entre los Estados Unidos y México en una serie de ensayos que se presentan en forma alternativa. Además del tema, son interesantes también los distintos estilos, puntos de énfasis, e interpretaciones que surgen de las diferentes perspectivas culturales de los dos autores.

Octavio Paz, *Laberinto de la soledad.* **(New York: Viking Penguin, 1985).** *El laberinto de la soledad* es considerado por muchos en los Estados Unidos como la interpretación clásica de la cultura mexicana. Se le han añadido varios ensayos recientes escritos por el distinguido ganador mexicano del Premio Nobel de Literatura. El mejor de estos ensayos es un artículo sumamente interesante que apareció originalmente en el *New Yorker*, "Los Estados Unidos y México." Crítico social, poeta, ensayista, anteriormente embajador en la India, Paz trae recursos extraordinarios a sus interpretaciones de México y las relaciones México-Estados Unidos. Considerado por muchos críticos contemporáneos en México como un observador generalmente conservador, Paz nos proporciona, sin embargo, una obra que es evocativa y siempre interesante.

Alan Riding, *Distant Neighbors: A Portrait of the Mexicans*. (*Vecinos distantes: Un retrato de los mexicanos*.) (New York: Vintage Books/Random House, 1989). Riding, escritor para el *New York Times*, ha sido elogiado en ambos lados de la frontera por hacer una contribución importante a los estadounidenses que quieren comprender mejor la historia, la cultura, y las realidades sociales del México de hoy y especialmente sus relaciones con los Estados Unidos. Su libro puede ser el único sobre el tema que haya logrado la distinción de aparecer en las listas de *best-seller*.

Clint Smith, *The Disappearing Border: Mexico-United States Relations in the 1990s*. (*La frontera que desaparece: Relaciones México-Estados Unidos en la década de los 90*.) (Stanford: Stanford Alumni Association, 1992). La frontera entre los Estados Unidos y México es una realidad geopolítica y también una ficción, un producto de la historia y las relaciones de poder, un lugar donde se hacen las noticias, y una metáfora por gran parte de lo que pasa en las relaciones entre los Estados Unidos y México. Este libro escrito por un diplomático estadounidense que estuvo anteriormente designado en México es un análisis conciso de los significados económicos, políticos, y sociales—tanto históricos como contemporáneos—de la frontera entre los dos países.